글 / 윤상석

성균관대학교를 졸업하고 출판사에서 편집자로 일했습니다. 어렵고 딱딱한 정보를 어린이 독자들이 알기 쉽게 쓰고 그리는 작가로 활동 중입니다. 주요 작품으로 《만화 경제 기사 따라잡기》, 〈Who〉, 〈와이즈만 첨단 과학〉, 〈Why〉 시리즈, 《과학 쫌 알면 세상이 더 재미있어》, 《남극과 북극에도 식물이 있을까》, 《만화 통세계사》, 《최태성의 한능검 한국사》 등이 있으며, 사이언스타임즈의 객원 기자로 '만화로 푸는 과학 궁금증'을 연재했습니다.

그림 / 박정섭

다양한 경험을 쌓다가 뒤늦게 그림 공부를 시작했습니다. 어릴 적에는 산만하다는 소리를 많이 들었습니다. 그래서 그런 줄 알고 살아왔지요. 하지만 시간이 흘러 뒤돌아보니 상상력의 크기가 산만 하단 걸 깨닫게 되었습니다. 이젠 그 상상력을 주위 사람들과 즐겁게 나누며 살고 싶습니다. 지금은 강원도 동해에서 지내고 있습니다. 그린 책으로 《검은 강아지》, 《그림책 쿠킹박스》, 《도둑을 잡아라》, 《놀자》, 《감기 걸린 물고기》, 《짝꿍》, 《싫어요 싫어요》, 《미래가 온다, 미래 식량》, 《송민이의 일기(전10권)》 등이 있고, 쓰고 그린 시집으로 《똥시집》이 있습니다.

감수 / 송병건

서울대학교 경제학과를 졸업하고, 영국 옥스퍼드 대학교에서 경제사 전공으로 박사 학위를 받았습니다. 경제사학회장을 역임했으며, 현재는 성균관대학교에서 경제사를 연구하고 가르치고 있습니다. TV에서 '송병건의 그림 속 경제사', '인류 재난사', '그림으로 보는 세계화' 등을 강의했고, 언론과 강연에서도 적극적으로 활동하고 있습니다. 주요 저서로는 《난처한 경제 이야기(전3권)》, 《재난 인류》, 《세계사 추리반》, 《세계화의 단서들》, 《세계화의 풍경들》, 《비주얼 경제사》 등이 있습니다.

초판 1쇄 발행 2025년 5월 9일
글 윤상석 / 그림 박정섭 / 감수 송병건
펴낸이 홍석 / 이사 홍성우 / 편집부장 이정은 / 편집 조유진·노한나 / 기획·외주편집 임형진
디자인 김영주 / 외주디자인 권석연 / 마케팅 이송희·김민경 / 제작 홍보람 / 관리 최우리·정원경·조영행
펴낸곳 도서출판 풀빛 / 등록 1979년 3월 6일 제2021-000055호
제조국 대한민국 / 사용연령 8세 이상
주소 서울특별시 강서구 양천로 583 우림블루나인 A동 21층 2110호
전화 02-363-5995(영업) 02-362-8900(편집) / 팩스 070-4275-0445
전자우편 kids@pulbit.co.kr / 홈페이지 www.pulbit.co.kr
블로그 blog.naver.com/pulbitbooks / 인스타그램 instagram.com/pulbitkids

ⓒ 윤상석 박정섭 임형진, 2025
ISBN 979-11-6172-672-4 74320 979-11-6172-665-6 74080 (세트)

책값은 뒤표지에 표시되어 있습니다.
파본이나 잘못된 책은 구입하신 곳에서 바꿔드립니다.
종이에 베이거나 긁히지 않도록 조심하세요. 책 모서리가 날카로우니 던지거나 떨어뜨리지 마세요.

한 컷마다 역사가 바뀐다

한 컷 속 경제사

윤상석 글 × 박정섭 그림 × 송병건 감수

풀빛

01 재산권의 등장
내가 만든 건 내 거야!

구석기 시대의 인류는 무리 지어 먹을 것을 찾아다니며 살았어. 그들은 식물 열매나 풀, 뿌리 등을 채집하고 동물을 사냥했지. ==먹을거리가 있으면 그 자리에서 함께 먹어 치웠고, 남은 건 무리가 공동으로 지니고 다녔으므로 '내 것'이 없었어.==

그러다 약 1만여 년 전, 신석기 시대부터 인류는 한곳에 머물러 살면서 농사짓고 가축을 기르기 시작했지. 씨 한 톨을 심으면 나중에 많은 양의 알곡을 얻을 수 있고, 돼지 한 마리를 잘 키우면 나중에 수십 마리로 불어난다는 걸 알게 된 거야. 그런데 농사짓고 가축을 기르는 일은 오랜 시간 사람의 노력이 필요했어. 누군가 씨를 뿌리고 농작물이 잘 자라도록 물이나 거름을 줘야 했고, 돼지도 잘 자라도록 보살펴 줘야 했어. 또 더 많이 노력할수록 더 많은 농작물과 가축을 만들 수 있으므로 사람마다 만드는 농작물과 가축의 양에 차이가 생겼지. 그러자 농작물과 가축을 모두가 공동으로 먹는 것에 문제가 생겼어. 노력도 안 하고 놀던 사람이 자기가 땀 흘려 만든 식량을 마음대로 먹는 걸 보면 억울한 마음이 들거든. 게다가 농사짓는 기술이 발달하면서 먹고 남은 곡식이 많이 생겼는데, 이 곡식을 공동체 안에서 나누는 문제도 생겼지. ==그러면서 사람들은 내가 만든 농작물과 가축을 나만이 가져야 한다는 나만의 것, 즉 재산권을 생각하게 되었고, 점차 재산권을 인정하기 시작했어.==

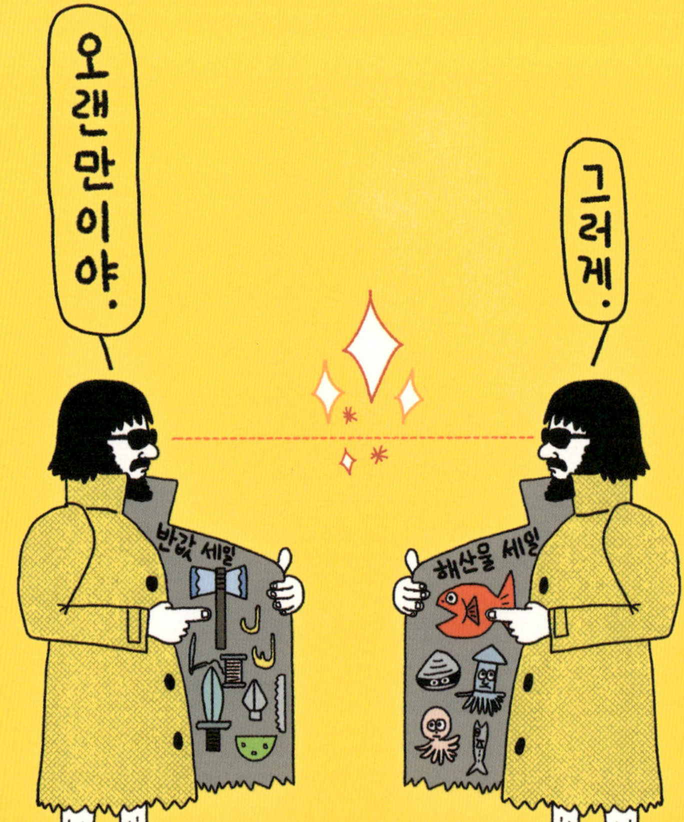
오랜만이야.
그러게.
반값 세일
해산물 세일

프롤로그

'편의점의 아이스크림은 왜 가격이 올랐을까?'
'동네 채소 가게의 상추는 왜 팔리지 않을까?'

가끔 이런 게 궁금할 때가 있어. 이런 의문은 경제와 관련이 있는 거야. 우리가 생활에 필요한 물건을 사서 쓰거나 물건을 만들고 파는 것이 모두 경제 활동이거든. 그래서 아무리 경제를 모른다고 해도 누구나 경제 활동을 할 수밖에 없어. 경제는 현대인들만의 문제가 아니야. 인류는 선사 시대부터 끊임없이 경제 활동을 해 왔거든. 선사 시대 인류는 내 것과 네 것이 따로 없었어. 하지만 한곳에 머물러 농사를 지으면서 내 것과 네 것을 구별하는 개인 재산권이 생겼고, 그때부터 인류는 본격적으로 경제 활동을 시작했지. 그 후, 인류의 역사는 경제를 떼어 내고 이야기할 수 없어. 그래서 어떤 학자는 경제사를 문명을 이해하는 열쇠라고 말했지.

이 책에서는 경제사의 수많은 이야기 중에서 어린이들이 꼭 알아야 할 중요한 사건이나 이론 60가지를 골라냈어. 읽다 보면 자연스럽게 경제가 어떻게 발전해 왔는지 알게 되고 그만큼 재미와 흥미를 느끼게 될 거야.

차례

01 (재산권의 등장) **내가 만든 건 내 거야!** 010

02 (물물 교환과 시장의 탄생) **서로 필요한 것을 교환하다** 012

03 (화폐의 탄생) **누구에게나 꼭 필요한 물품이 화폐가 되다** 014

04 (금속 화폐의 탄생) **화폐가 되기에 가장 알맞은 물품, 금속** 016

05 (고대 사회의 경제) **중계 무역으로 나라가 부강해지다** 018

06 (고대 서양의 화폐) **주화가 널리 사용되다** 020

07 (고대 중국의 화폐) **청동으로 주화를 만들다** 022

08 (동서양의 무역 길) **동서양을 이어 준 비단길** 024

09 (중세 유럽의 경제) **중세 유럽 경제의 틀, 장원** 026

10 (지폐의 탄생) **지폐를 처음 사용한 중국 송나라** 028

11 (몽골 제국과 지폐) **세계 최초로 지폐만 사용한 중국 원나라** 030

12 (중세 유럽 경제의 변화) **중세 유럽 경제에 변화가 시작되다** 032

13 (은행의 탄생) **돈을 빌려주고 이자를 받는 은행이 탄생하다** 034

14 (대항해 시대) **새로운 무역 항로를 개척하는 유럽** 036

15 (신대륙의 은화) **최초로 세계 공통의 화폐가 탄생하다** 038

16 (유럽 절대 왕정의 중상주의) **강한 왕은 돈이 필요해** 040

17 (주식회사의 시작) **주식회사로 세계 무역을 주도한 네덜란드** 042

18 (최초의 국립 은행) **은행에 맡긴 돈을 정부가 책임지다** 044

19 (튤립 투기 파동) **튤립 투기 광풍에 빠진 네덜란드** 046

20 (유럽 최초의 지폐) **귀금속 보관 영수증이 지폐가 되다** 048

21 (동인도 회사) **유럽 열강, 동인도 회사를 통해 무역을 독점하다** 050

22 (중앙은행의 시작) **중앙은행의 시작이 된 영란 은행** 052

23 (보험의 시작) **커피 하우스에서 발전한 보험업** 054

24 (중농주의) **경제에서 가장 중요한 것은 농업이다** 056

25 (영국의 산업 혁명 시작) **공업 생산이 혁명적으로 발전하다** 058

26 (애덤 스미스의 국부론) **경제학의 아버지, 애덤 스미스** 060

27 (산업 혁명의 그늘) **산업 혁명이 만든 어두운 그늘** 062

28 (맬서스의 인구론) **인구의 지나친 증가로 빈곤은 계속된다** 064

29 (리카도의 자유 무역) **자유 무역은 더 많은 부를 만들 수 있다** 066

30 (보호 무역) **나라의 산업을 보호하는 보호 무역 정책** 068

| 31 | 산업 혁명의 확산 | 산업 혁명이 영국을 넘어 세계로 퍼지다 | 070 |

| 32 | 마르크스의 경제학 | 노동자가 자본주의를 끝장낼 것이다 | 072 |

| 33 | 제국주의 시대 | 새로운 시장, 식민지를 넓혀라! | 074 |

| 34 | 금 본위 제도 | 금으로 바꿀 수 있는 지폐가 널리 사용되다 | 076 |

| 35 | 한계 효용 이론의 탄생 | 한계 효용으로 상품의 가치를 보다 | 078 |

| 36 | 제2차 산업 혁명 | 미국과 독일이 주도한 제2차 산업 혁명 | 080 |

| 37 | 제1차 세계 대전과 세계 경제 | 유럽 제국주의가 세계 전쟁을 일으키다 | 082 |

| 38 | 러시아의 사회주의 혁명 | 사회주의 경제 체제의 국가가 탄생하다 | 084 |

| 39 | 대량 생산, 대량 소비 시대의 시작 | 더 많이 만들고, 더 많이 쓰자! | 086 |

| 40 | 슘페터의 기업 혁신 | 자본주의를 발전시키는 힘, 혁신! | 088 |

| 41 | 대공황 | 최악의 경제 재앙이 시작되다 | 090 |

| 42 | 세계 경제로 퍼진 대공황 | 대공황이 미국을 넘어 세계로 번지다 | 092 |

| 43 | 케인스 이론 | 대공황의 해결 방법을 찾다 | 094 |

| 44 | 미국의 뉴딜 정책 | 대공황에서 벗어나기 위한 뉴딜 정책 | 096 |

| 45 | 기축 통화가 된 미국 달러 | 미국 달러가 국제 통화의 기준이 되다 | 098 |

| 46 | 냉전과 마셜 계획 | **자본주의와 사회주의 경제 체제가 경쟁하다** 100
| 47 | 프리드먼의 통화량 조절 | **경제에서 가장 중요한 것은 통화량이다** 102
| 48 | 달러의 금 태환 금지 | **미국이 금 본위제를 포기하다** 104
| 49 | 석유 파동과 스태그플레이션 | **스태그플레이션이 일어나다** 106
| 50 | 레이거노믹스 | **레이거노믹스로 미국 경제가 살아나다** 108
| 51 | 소련의 경제 개혁 정책 | **소련의 사회주의 경제 체제가 몰락하다** 110
| 52 | 중국의 경제 성장 | **흰 고양이든 검은 고양이든 쥐만 잘 잡으면 된다** 112
| 53 | WTO의 탄생과 FTA | **WTO의 설립과 무역 환경의 변화** 114
| 54 | 유로화의 탄생 | **유럽 연합의 나라들이 공동의 화폐를 사용하다** 116
| 55 | 동아시아 외환 위기 | **동아시아에 외환 위기가 발생하다** 118
| 56 | 정보 기술 혁명과 닷컴 버블 | **정보 기술 혁명이 정보 사회를 만들다** 120
| 57 | 세계 금융 위기 | **미국의 금융 위기가 세계 금융 위기로 번지다** 122
| 58 | 지구 온난화 | **세계 경제에 지구 온난화 문제가 덮치다** 124
| 59 | 암호 화폐의 탄생 | **새로운 개념의 암호 화폐가 탄생하다** 126
| 60 | 인공 지능 시대 | **인공 지능이 인간의 일자리를 빼앗다** 128

02 물물 교환과 시장의 탄생
서로 필요한 것을 교환하다

농사짓는 기술의 발달로 식량이 넉넉해지면서 재산권을 인정받자, 사람들은 남은 식량을 다른 사람에게 주고 그 대가로 자신에게 필요한 물건을 받는 물물 교환을 본격적으로 시작했어. 물물 교환을 통해 필요한 물건을 얻으면서 모든 물건을 스스로 만들지 않고도 살아갈 수 있었지. 그러자 먹을 것을 마련하려 모두가 농사일에 매달릴 필요가 없어졌어. 옷을 잘 만드는 사람은 옷과 식량을 교환하고, 그릇을 잘 만드는 사람은 그릇과 식량을 교환할 수 있었지. 또 손재주가 좋은 사람은 지붕을 대신 고쳐 주고 식량을 얻을 수 있었어. 이제 농사일을 하지 않고 자기가 잘하는 일만 하고도 충분히 먹을 것을 해결할 수 있었지. 그러면서 목수, 옹기장이, 대장장이 등 다양한 직업이 생겼어.

그런데 물물 교환에는 문제점이 하나 있었어. 거래하려는 사람 양쪽 모두가 상대방 물건을 원하는 경우에만 물물 교환이 가능했거든. 내가 가진 물건을 원하면서 나에게 필요한 물건을 가진 사람을 찾아야만 했지. 그래서 거래할 사람을 쉽게 찾기 위해 날짜를 정해서 교환할 물건을 들고 한 장소에 모였어. 이렇게 해서 시장이 생긴 거야. 시장에 모인 사람들은 자기가 원하는 물건을 가진 사람을 찾아다녔어. 시장에서는 내가 원하는 물건을 가진 사람과 내 물건을 원하는 사람을 찾는 게 어렵지 않았어. 물물 교환이 쉽게 이루어졌지.

03 화폐의 탄생
누구에게나 꼭 필요한 물품이 화폐가 되다

시장에서는 서로 원하는 것을 교환하려고 몇 번의 물물 교환을 거쳤어. 예를 들어 시장에 토끼를 가져온 사람이 도끼를 원하는데, 도끼를 가져온 사람은 토끼 대신 사과를 원할 때가 있지. 어쩔 수 없이 토끼를 가진 사람은 토끼를 원하면서 사과를 가진 사람과 물물 교환을 한 뒤에 사과를 들고 다시 도끼를 가진 사람을 찾아야 했어. 서로 원하는 물건을 가진 사람들이 만났더라도 거래할 물건의 가치가 크게 차이 나서 물물 교환이 이루어지지 않는 경우도 있었어. 양을 가진 사람이 사과를 원하는데, 사과 한 바구니를 가진 사람밖에 없을 때 그랬지. 양 한 마리는 사과 한 바구니보다 훨씬 가치가 높아서 물물 교환이 이루어질 수 없거든. 그래서 물물 교환을 쉽게 할 목적으로 누구나 필요로 하는 쌀, 보리, 밀 등의 곡식과 옷감, 소금 등을 교환 수단으로 사용하기 시작했어. 양을 가진 사람은 서로 가치에 맞게 양과 보리를 교환한 후에 보리의 일부를 떼어 내 사과와 교환하면 돼.

약 5,000년 전, 메소포타미아 문명의 수메르인들은 교환 수단으로 보리를 사용했다고 해. 수메르인들은 노동의 대가로 보리를 받았고 그 보리로 필요한 물건을 살 수 있었지. 이렇게 곡식, 옷감, 소금 등을 교환 수단으로 사용하면서 이것들을 기준으로 물건의 가치를 정할 수 있었어. 지금의 화폐 역할을 한 거야. 이렇게 교환 수단이 된 물품을 물품 화폐라고 불러.

04 금속 화폐의 탄생
화폐가 되기에 가장 알맞은 물품, 금속

사람들은 물품 화폐를 사용하면서 금속이 물품 화폐로 가장 적당하다는 걸 깨달았어. 소금은 물에 녹을 위험이 있고, 곡식은 쥐가 먹거나 썩을 수도 있지만, 금속 조각은 보관도 편하고 운반도 쉬웠거든. 그래서 주변에서 구할 수 있는 금속을 화폐로 사용하기 시작했지. 고대 수메르와 고대 중국에서는 은, 고대 그리스에서는 구리, 고대 이집트에서는 금을 주로 화폐로 사용했어.

물품 화폐로 사용된 금속 중에서 가장 귀한 대접을 받은 금속은 금과 은이야. 특히 금은 광택이 있고 녹슬지 않으면서 가공하기도 쉽고 구하기도 힘들어 가치가 컸지. 그런데 물건을 살 때마다 일일이 금속의 가치를 따지기 위해 무게와 순도를 알아야 하는 단점이 있었어. 그래서 사람들은 금속 조각에 무게와 순도를 보증하는 표시를 넣었지. 그러면서 금속은 진정한 화폐의 모습을 갖추기 시작했어. 고대 수메르인들은 은을 녹여서 작은 막대로 만들었고, 막대에 무게를 찍어 넣었는데, 이것이 세계 최초의 금속 화폐야.

기원전 7세기 초반, 현재 튀르키예 지역에 있던 고대 왕국 리디아에서는 처음으로 정부 공식 화폐를 만들었어. 자연에서 발견된 금과 은의 합금인 호박금을 콩 모양의 덩어리로 만들고 무게를 보증한 왕의 상징물인 사자 머리를 새겨 넣었는데, 사람들은 그 모양만 보고도 화폐의 가치를 알 수 있었다고 해. 이 화폐가 지금까지 알려진 가장 오래된 주화야.

05 고대 사회의 경제
중계 무역으로 나라가 부강해지다

고대 사회에서는 농업이 경제의 중심이었어. 농사가 잘되는 곳에 사람이 모여 살았는데, 주로 기름지고 물이 풍부한 큰 강 주변에서 문명이 발달했지. 농업 외에 옷이나 그릇, 각종 도구, 귀족들의 사치품을 만드는 수공업도 있었어. 사용하고 남은 물건을 다른 지역과 거래하는 무역도 했지.

당시에는 중계 무역이 활발했어. 아시리아 상인들은 곡물과 직물을 이란 지역에서 나는 주석과 바꾸고, 이 주석을 리디아 왕국으로 가져가서 금, 은, 구리와 교환하는 중계 무역을 했지. 고대 이집트는 농업이 발달해서 밀과 파피루스를 다른 나라 특산품과 교환했어. 중계 무역을 주로 하는 민족도 있었어. 기원전 12세기경부터 지금의 레바논과 시리안 해안 지역에 살던 페니키아인들이야. 그들은 지중해 연안의 각종 특산품의 중계 무역을 통해 부강해졌지.

기원전 10세기경부터 그리스에는 도시 국가인 폴리스가 있었는데, 그들이 페니키아의 뒤를 이어 지중해 상권을 장악했어. 그리스는 곡물이 잘 자라지 않아서 주로 올리브나 포도를 재배했지. 그들은 올리브오일과 포도주를 다른 나라 곡물과 교환하려 무역에 나섰고, 에게해에서 활발한 해상 무역을 통해 경제를 성장시켰어. 폴리스 중 가장 강성했던 아테네는 리디아 왕국의 주화를 본떠서 만든 은화를 사용했는데, 덕분에 무역이 더욱 발전했지.

06 고대 서양의 화폐

주화가
널리 사용되다

==리디아 왕국의 주화 이후로 고대 서양에서는 주화가 폭넓게 사용되었어.== 고대 그리스인들은 은을 이용해 일정한 무게와 모양을 가진 주화를 만들었지. 이 은화에 신화 속 신의 얼굴이나 올빼미 또는 올리브를 새겼는데, 그리스 경제가 번창하는 데 큰 역할을 했어. 고대 페르시아 제국에서도 주화가 널리 사용되었어. 다리우스 1세의 얼굴이 새겨진 다리우스 주화는 중앙아시아와 아프리카에서도 널리 쓰였지. 기원전 4세기경, 마케도니아 왕국의 알렉산드로스 대왕은 자신의 이름과 얼굴을 새긴 주화를 자신이 지배하는 곳에서 사용하게 했어. 이 주화는 동쪽으로는 인도, 서쪽으로는 그리스, 남쪽으로는 나일강 유역, 북쪽으로는 러시아에 이르는 지역까지 널리 사용되었지.

==국가 지도자의 얼굴을 화폐에 새기는 것은 고대 로마 시대에도 이어졌어.== 1세기경, 고대 로마의 아우구스투스 황제는 로마 주화에 자신의 얼굴을 새겨 넣었지. 그 후로 로마 황제들은 저마다 자기 얼굴을 새긴 주화를 만들었어. 결국 로마는 황제가 바뀔 때마다 새로운 주화를 발행해야 했지. 로마 제국의 콘스탄티누스 황제는 순도 95.8%의 금으로 만든 솔리두스 금화를 만들고 이 금화를 중심으로 화폐 제도를 정비했어. 이 금화는 금의 양을 엄격하게 지켰기 때문에 모든 물건의 가치 기준이 되었지. 솔리두스 금화는 중세 시대까지 유통되어 서양에서 가장 오래 사용한 금화가 되었어.

07 고대 중국의 화폐

청동으로
주화를 만들다

　고대 중국에서는 기원전 16세기경, 은나라 시대에 자안패(子安貝)라는 조개 껍질을 물품 화폐로 사용했어. 그래서 조개를 뜻하는 한자 '貝(조개 패)'는 재화(財貨), 보화(寶貨) 등과 같이 돈과 관련된 한자에서 자주 볼 수 있지. 기원전 1000년에서 기원전 500년 사이에는 농기구나 칼과 같은, 생활에 유용한 도구 모양의 금속 화폐를 사용했어. 주로 청동으로 만들었는데, 쟁기 모양을 포전이라 불렀고, 칼 모양을 도전이라고 불렀지. 기원전 3세기, 중국 진나라 시황제가 전국을 통일한 후에 포전과 도전의 사용을 금지했어. 대신에 둥근 모양에 한가운데 네모 구멍이 있는 청동 주화인 반량전을 사용했지. ==이 동전은 이후 동양 화폐의 기본 모양이 되었어.==

　기원전 118년경, 중국 한나라 무제가 반량전과 모양이 비슷한 오수전을 만들었어. 이 동전은 수나라 때까지 약 900여 년 동안 사용되었는데, 중국 화폐 역사상 가장 오랜 기간 사용된 화폐라고 해. 이 화폐는 동아시아의 다른 나라에도 널리 퍼졌고, 우리나라에서도 유물로 발견되고 있어.

　그 후, 당나라가 세워지면서 개원통보라는 청동 주화가 발행되었는데, 이 주화 한 닢의 무게를 한 '돈'이라고 불렀지. ==돈은 나중에 무게를 나타내는 단위가 되었고, 중국의 주화 무게의 기준이 되었어.== 지금도 우리나라에서는 금이나 은의 무게를 잴 때 돈이라는 단위를 사용하고 있지.

08 동서양의 무역 길

동서양을 이어 준 비단길

　고대 시대에도 가까운 나라끼리만 무역을 한 건 아니었어. 지중해에서 로마 제국이 주름잡기 전부터 유라시아 대륙의 사막과 초원에는 서역의 귀금속, 유리그릇 등을 동양의 비단, 면화, 향신료와 거래하는 상인들의 행렬이 있었거든. 그들은 낙타를 타고 중국 진나라와 당나라의 수도였던 시안에서 지금의 우즈베키스탄인 사마르칸트를 거쳐 시리아까지 12,000km가 넘는 길을 여행했지. 한번 오가는 데 5~6년이나 걸렸다고 해. 시리아 지역까지 온 동양의 물품은 로마나 이집트까지 퍼졌어. ==이 길 덕분에 고대 시대에도 동양은 서아시아, 아프리카 동북부, 유럽의 지중해 세계와 교역을 할 수 있었던 거야. 이 길을 비단길 또는 실크 로드라고 불러.== 비단길을 통해 동서 간의 문물이 왕래했고, 이 길이 지나가는 곳마다 크고 작은 마을이 생겼지.

　바다를 이용한 뱃길도 있었어. 1세기경에 홍해에서 예멘을 거쳐서 페르시아만 호르무즈 해협을 지나 인도로 가는 뱃길이 개척되었지. 그 후에는 말레이시아와 베트남을 거쳐 중국 남부까지 가는 뱃길이 이어졌어. 배를 이용하면 많은 양의 물품을 이동할 수 있었는데, 이 뱃길을 통해 주로 도자기와 향신료, 차 등이 오갔지. 페르시아만에서 중국의 광저우까지 왕복하는 데 2년이나 걸렸지만, 8세기에는 이슬람 상인들이 신라까지 왕래했다고 해.

09 중세 유럽의 경제

중세 유럽 경제의 틀, 장원

    중세 유럽은 봉건제로 나라를 다스렸어. 왕이 영주에게 땅을 주어 그곳을 다스리게 하면 영주는 그 땅에서 거둔 곡식 일부를 왕에게 바치고, 전쟁이 났을 때 군사를 동원해 왕을 위해 싸우는 구조가 봉건제야. 이들이 다스리는 땅에는 하나 또는 여러 개의 장원이 있어. 장원마다 농민들이 딸려 있었는데, 이 농민들은 장원에서 노예처럼 농사를 지어야 했지. 일부 자유민이 있었지만 대부분 거주지 이동과 직업 선택의 자유가 없이 장원에서 영주를 위해 농사를 짓고, 남은 시간에 자기가 먹을 식량을 해결하기 위해 자기 땅에서 농사를 지어야 했어. 이들을 농노라고 해. 반면에 자유민은 영주에게 세금을 내고 영주가 원하면 군인이 되어야 했지. ==중세 유럽인들은 이와 같은 장원을 통해 먹고살았어. 의식주를 장원 안에서 모두 해결했고, 다른 장원과 교역도 별로 없는 자급자족의 생활을 한 거야.== 따라서 장원에서 만드는 물품들은 형편없었고, 농민들은 겨우 굶주림을 해결할 정도였어.

    한편 중세 유럽 도시에는 농촌과 달리 자유민들이 모여 살았어. 이들은 주로 상업과 수공업 활동을 했는데, 점차 돈을 벌면서 길드라는 조합을 만들었지. 상인들은 상인 길드를 만들었고, 수공업자들은 공장 길드를 만들었어. ==공장 길드는 같은 종류의 제품을 만드는 수공업자들이 힘을 합쳐 서로를 돕는 조직이야.==

10 지폐의 탄생
지폐를 처음 사용한 중국 송나라

물품 화폐나 금속 화폐는 재료 그 자체만으로도 큰 가치가 있어. 하지만 우리가 사용하는 지폐의 재료 가치는 지폐에 적힌 액수보다 훨씬 낮아. 1만 원짜리 지폐를 만드는 데 드는 비용은 100원이 안 넘거든. 이렇게 화폐의 실제 가치가 화폐의 액수보다 크게 낮은 화폐를 명목 화폐라고 해. 그런데 가장 대표적인 명목 화폐인 지폐는 어떻게 탄생했을까?

중국 송나라 시대에는 상업이 발달했어. 상인들 사이에 거래가 늘어나면서 많은 양의 주화가 필요했고, 상인들은 주화가 가득 든 무거운 자루를 메고 다녀야 했지. 가는 데만 며칠이 걸리는 먼 곳에서 장사를 하려면 여간 불편한 게 아니었어. 보관이 쉽고 가지고 다니기 쉬운 화폐가 필요했지. 중국은 이미 오래전에 종이와 인쇄 기술을 발명했는데, 중국 상인들은 이 기술을 이용해서 10세기 말부터 지폐를 만들어 사용했어. 처음에는 지폐가 상인들에게 주화를 맡긴 걸 증명하는 종이 문서에 불과했지. 그래서 지폐를 만든 상인이 망하거나 도망가 버리면 그 지폐는 휴지 조각이 되고 말았어. 이를 해결하기 위해 중국 송나라 정부는 1023년부터 정부가 보증하는 지폐인 교자를 발행했는데, 이것이 바로 세계 최초의 지폐야. 이 지폐를 가져가면 언제든지 동전으로 바꿀 수 있다고 정부가 약속했지. 하지만 지폐를 너무 많이 발행하여 지폐의 가치가 크게 떨어지면서 송나라 경제가 크게 흔들렸어.

11. 몽골 제국과 지폐

세계 최초로 지폐만 사용한 중국 원나라

13세기에 칭기즈 칸이 이끄는 몽골은 크게 성장하여 동유럽, 서아시아, 중앙아시아, 중국에 걸친 대제국을 건설했어. 몽골 제국은 송나라에 이어 지폐를 발행했는데, 지폐를 동전만이 아니라 은으로도 바꿀 수 있게 했지. 그리고 나라에 은을 충분히 보유하여 지폐의 가치가 떨어지지 않게 관리했어.

그 후, 몽골 제국은 4개의 칸 국으로 분리되어 칭기즈 칸의 자손 4명이 각각 다스렸어. 그중 중국 땅의 칸 국은 나라 이름을 원나라로 고쳤는데, 원나라의 초대 황제 쿠빌라이 칸은 상업을 중요하게 생각했지. 그는 비단길 등의 무역 통로를 정비하여 무역을 활성화했고 해상 무역을 발전시켰어. 또 교초라는 지폐를 발행했는데, 주화의 사용을 금지하고 오로지 이 지폐만 사용하게 했어. 세계 역사상 처음으로 나라 전체가 지폐만 사용하게 한 거야.

이탈리아 사람인 마르코 폴로는 원나라에서 17년간 쿠빌라이 칸의 신하로 일했는데, 그는 유럽으로 돌아온 후에 《동방견문록》이란 책을 통해 원나라의 지폐를 소개했어. 그는 종잇조각을 주고 진주, 보석, 금 등 온갖 물품을 가져가는 것을 보고 크게 놀랐다고 해. 유럽인들은 지폐에 대해 흥미로워했지만, 지폐를 사용할 준비가 전혀 안 되어 있었어. 당시 중세 유럽은 수많은 왕국이 끊임없이 전쟁을 벌이는 혼란스러운 상태였거든. 정부가 지폐를 발행한다고 하더라도 아무도 그 지폐를 신뢰하지 않았을 거야.

12 중세 유럽 경제의 변화

중세 유럽 경제에 변화가 시작되다

    11세기에 중세 유럽은 기독교의 성지인 예루살렘에서 이슬람 세력을 몰아내기 위해 십자군 전쟁을 벌였어. 유럽의 영주와 기사, 농부, 상인들은 십자군이 되어 이슬람 제국이 다스리는 예루살렘으로 향했지. 십자군 전쟁은 실패로 끝났지만, ==유럽인들은 자급자족 생활을 하던 장원에서 벗어나 드넓은 세상을 보게 되었고, 앞선 이슬람의 문물을 접할 수 있었어.== 그러면서 동방과의 무역이 활기를 띠었는데, 특히 동방에서 온 후추와 같은 향신료는 당시 유럽인들에게 매우 귀한 상품이었어. 이 과정에 이탈리아 상인들이 무역을 맡으면서 베네치아, 피렌체 등 도시 국가들의 경제가 크게 발달했지.

    14세기에 유럽을 덮친 흑사병은 봉건제의 장원을 무너뜨리기 시작했어. 흑사병으로 유럽 인구의 30%가 목숨을 잃으면서 농민의 수도 크게 줄어들었거든. 일손이 부족해지자 영주들은 농민들에게 이전보다 더 나은 대우를 해 줘야 했지. ==결국 영주들의 힘은 약해졌고, 농민들은 자유민이 되고 소득도 늘어났어.== 흑사병이 잠잠해지자 점차 도시의 인구도 늘어났고, 상업과 수공업이 활기를 띠었어. 수공업의 규모는 점점 커졌고, 더 많은 돈과 더 큰 시장이 필요했지. 상인들이 수공업자들에게 돈을 대었고, 수공업자가 만든 상품을 상인이 시장에 내다 파는 방식이 널리 퍼졌어. 그러면서 길드가 확대되었고, 수공업이 발달했지.

13 은행의 탄생

돈을 빌려주고 이자를 받는 은행이 탄생하다

기독교가 모든 것을 지배했던 중세 유럽에서는 돈을 빌려주고 이자를 받는 것을 싫어했어. 성경에서 이자를 받지 말라고 했거든. 하지만 상업이 발전하면서 돈을 빌려주고 이자를 받는 대부업자가 활동했어. 대부분 기독교를 믿지 않는 유대인들이 그 일을 했지.

13세기, 지중해 연안에 무역이 활발해지면서 무역의 중심지였던 이탈리아의 몇몇 도시에는 수수료를 받고 화폐를 바꿔 주는 상인이 나타났어. 이들을 환전상이라 부르는데, 탁자 위에 무게를 달기 위한 저울을 올려놓고 다른 지역의 주화를 바꿔 주었지. 당시 유럽 각지에서 온 상인들은 다양한 주화를 사용했으므로 무역 거래에서 어려움이 많았거든. 환전상이 작업했던 탁자를 뜻하는 이탈리아 말 'banco'에서 은행을 뜻하는 영어 'bank'가 유래되었다고 해. 환전상들은 점차 돈을 맡아 보관하는 일도 했는데, 보관하는 돈이 많아지자 다른 사람에게 그 돈을 빌려주고 이자를 받기도 했어. 은행의 역할을 한 거야. 그런데 14세기에 들어서 피렌체, 베네치아와 같은 이탈리아의 거대한 무역 도시에서는 개인이 그 일을 하기에 너무나 일의 규모가 커져 버렸어. 그래서 메디치 가문과 같이 큰 귀족 가문들이 은행의 역할을 했지. 그러면서 그 규모가 더욱 커졌고 은행으로 자리 잡았어. 또 유럽 중요 도시에 지사도 세워서 은행을 유럽 전역으로 퍼뜨렸지.

14 대항해 시대
새로운 무역 항로를 개척하는 유럽

중세 유럽인들이 후추 등 향신료의 매력을 알게 되면서 향신료는 없어서는 안 되는 귀한 상품이 되었어. 당시에는 향신료가 주로 인도에서 생산되었지. 그래서 동양과 서양의 중간 지대에 있는 이슬람 상인들이 인도 상인들에게 향신료를 사서 이탈리아 무역 도시의 상인들에게 웃돈을 얹어 다시 팔았어. 이탈리아 상인들은 그 향신료를 유럽 상인들에게 더 비싸게 팔았지.

15세기에 이슬람 세계의 강자였던 오스만 제국이 중계 무역의 핵심 도시인 콘스탄티노플을 점령했어. 이제 유럽인들은 돈이 아무리 많아도 향신료를 살 수 없게 된 거야. 그러자 유럽인들은 향신료를 구하기 위해 아프리카를 돌아서 인도로 가는 뱃길을 개척했지. 가장 먼저 뱃길을 개척하고 인도의 향신료를 독점해 유럽에 팔았던 포르투갈은 금세 부자가 되었어. 포르투갈은 향신료 무역만 한 게 아니야. 아프리카에서 흑인을 붙잡아 파는 노예 무역도 하면서 많은 돈을 벌었지. 그러자 이웃 나라인 에스파냐가 가만있지 않았어. 에스파냐의 이사벨 여왕은 인도로 가는 또 다른 무역 항로를 개척하려고 탐험가 콜럼버스를 보냈지. 그런데 콜럼버스는 인도로 가는 무역 항로 대신에 아메리카 대륙을 발견했어. 에스파냐는 아메리카 대륙에서 향신료 대신에 많은 양의 금과 은을 발견했지. 이렇게 유럽 국가들이 해상 항로를 개척하며 세계로 뻗어 나갔던 때를 대항해 시대라고 해.

에스파냐

페루 광산   멕시코 광산

야호!

신난다!

이젠 우리가 공식 화폐야.

15 신대륙의 은화

최초로 세계 공통의 화폐가 탄생하다

1540년대에 에스파냐는 신대륙 아메리카의 페루와 멕시코에서 거대한 은광을 발견했어. 이 은광에서 엄청난 양의 은이 쏟아졌지. 그래서 에스파냐는 세계에서 가장 부유하고 강력한 나라가 되었어. 당시 나라 간의 무역 거래에서 가장 널리 쓰였던 화폐가 바로 은화였거든. ==에스파냐는 멕시코에 화폐 만드는 관청을 세우고 신대륙에서 생산된 은을 이용해 대량으로 은화를 만들었어.== 사람들은 이 은화를 스페인 달러 또는 멕시코 달러라고 불렀어. 에스파냐는 이 은화를 유럽과 아메리카 대륙은 물론, 아시아 여러 나라와 무역 거래를 할 때도 사용했어. 에스파냐는 이 은화를 주고 중국 명나라 상인들에게서 비단이나 도자기 등을 구입한 거야. 이렇게 중국의 비단과 도자기가 유럽으로 흘러 들어갔고, 중국에는 많은 양의 은이 들어왔어. ==이 은화가 세계 곳곳에서 쓰이자 많은 나라가 이 돈을 공식 화폐로 인정했지.== 최초로 전세계에서 사용할 수 있는 화폐가 된 거야.

몇몇 나라에서는 이 은화를 자르거나 짓누르는 방식으로 변형시켜 자신들의 화폐로 사용하기도 했지. 이 은화는 19세기 중반까지 세계에서 가장 널리 사용된 화폐였어. 19세기에 외국 선박이 드나들던 조선의 항구에서도 이 은화가 사용되었다고 해.

16 유럽 절대 왕정의 중상주의

강한 왕은
돈이 필요해

봉건제가 무너진 16세기, 유럽에서는 강력한 권력을 가진 왕이 중앙에서 나라 전체를 다스렸어. 이것을 절대 왕정이라고 해. 유럽에서 가장 먼저 절대 왕정을 시작한 나라는 영국과 에스파냐이고, 프랑스는 16세기에 절대 왕정이 시작되었지. 장원에서 자급자족이 가능했던 봉건제 시대에는 왕의 권력이 약했지만, 절대 왕정 시대에는 왕에게 충성하는 관료와 준비된 군대가 필요했어. 그런데 그런 관료와 군대를 유지하려면 엄청난 비용이 들었지. 그래서 왕들은 돈을 마련하기 위해 도시에서 상공업으로 돈을 번 새로운 계급과 손을 잡아야 했어. 이 새로운 계급을 시민 계급이라고 불러. 왕들은 시민 계급으로부터 세금을 거둬 필요한 돈을 마련했고, 대신에 그들의 경제 활동을 보호하고 장려하는 정책을 폈어. 이렇게 국가의 부를 늘리기 위해 국가가 나서서 시민의 상공업과 무역을 장려하는 정책을 중상주의라고 해.

중상주의는 국가가 보유한 금과 은이 많을수록 부강한 나라라고 보았어. 금과 은으로 화폐, 즉 돈을 만들거든. 따라서 무역을 통해 외국의 금과 은을 가져오고 자기가 가진 금과 은이 외국으로 빠져나가지 않도록 노력했지. 수출을 늘리고 수입을 막기 위해 노력한 거야. 그래서 나라마다 수출 시장을 넓히고 값싼 원료를 확보하기 위해 해외로 활발히 진출했어. 이러한 중상주의는 15세기 후반, 대항해 시대부터 18세기까지 계속되었어.

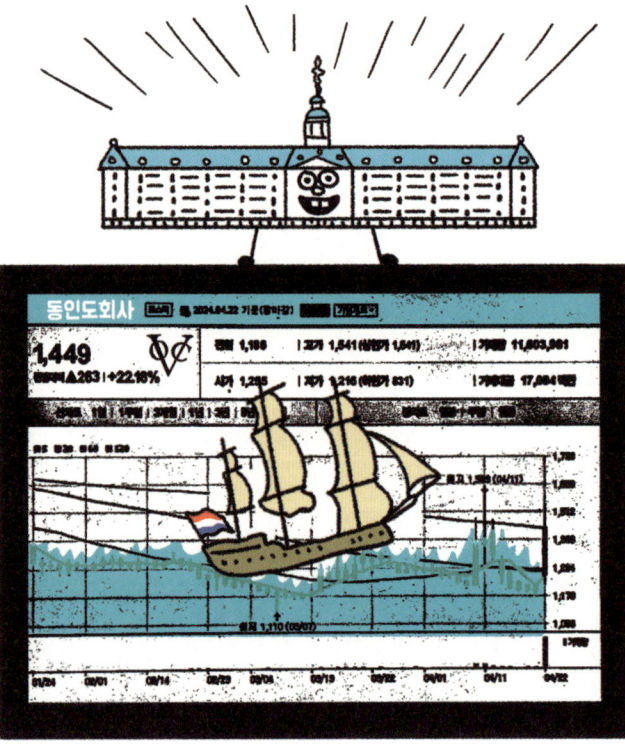

17 주식회사의 시작

주식회사로 세계 무역을 주도한 네덜란드

17세기, 에스파냐의 식민지였던 네덜란드는 오랜 독립 전쟁을 벌이면서도 아시아, 신대륙과 해상 무역을 하기 위해 노력했지. 국력이 약했던 네덜란드는 상인들이 직접 함대를 꾸리게 했어. 해상 무역은 매우 위험해서 모험과도 같았지. 태풍이나 해적을 만나 항해에 실패하면 무역선에 투자한 사람들은 투자금은 물론, 전 재산을 날릴 수도 있었거든. 그래서 위험 부담을 줄이기 위해 주식회사를 생각해 냈어. ==주식회사는 투자한 금액만큼 투자자들에게 주식을 나눠 주고 실패해도 손실이 투자액 범위 안에 머물게 했지.==

1602년, 네덜란드는 주식회사인 동인도 회사를 세웠어. 그 회사는 일부 지역에서 무역을 독점할 수 있었고, 아시아 국가와 조약 체결, 전쟁 선포, 요새 건설 등 국가를 대신할 수 있었지. 네덜란드의 동인도 회사는 첫 항해에 성공하여 투자금과 이익을 투자자들에게 나눠 주고 사업 조직을 해체했어. 하지만 다음 항해부터는 투자금을 곧바로 돌려주지 않는 대신 주식을 마음대로 팔 수 있게 했고, 어느 정도 이익이 나면 배당금을 주는 조건을 내걸었어. 이제 사업 조직을 해산할 필요가 없었고, 투자자들도 돈이 필요하면 새로 세워진 주식 시장에서 주식을 팔았지. 당시에는 아주 획기적인 제도였어. ==덕분에 동인도 회사는 번창했고, 네덜란드는 17세기에 세계 최고의 무역 국가가 되었지.==

18 최초의 국립 은행

은행에 맡긴 돈을 정부가 책임지다

　17세기, 네덜란드의 동인도 회사는 인도네시아의 자바섬과 아프리카 남쪽 끝 케이프타운 등에 식민지를 건설하고 동양의 향신료와 인도의 면화, 중국의 비단과 차, 도자기 등을 유럽에 공급하면서 네덜란드 정부에 큰 이익을 안겨 주었어. 1653년, 조선으로 표류해서 13년간 생활했다 탈출하여 《하멜 표류기》를 썼던 하멜도 네덜란드의 동인도 회사 직원이었지.

　이렇게 네덜란드가 성장하면서 수도 암스테르담은 상업과 금융의 중심지가 되었어. 그런데 암스테르담에는 여러 나라에서 들어온 다양한 화폐가 사용되면서 상업 거래를 하는 데 불편함이 많았지. 그러자 네덜란드 정부는 1609년, 암스테르담 은행을 설립했어. 이 은행은 최초의 국립 은행으로, 누구든 원하는 종류의 화폐로 교환하거나 화폐를 맡기고 영수증을 받을 수 있었지. 네덜란드 정부는 암스테르담 은행에 맡긴 돈의 지불을 보증했는데, 이것은 예금자가 암스테르담 은행에 맡긴 돈을 찾으려고 할 때 은행에 돈이 충분하지 않으면 정부가 대신 예금자에게 돈을 지급하겠다는 약속이야. 그러자 세계 각국의 상인들은 암스테르담 은행을 신뢰했고, 이 은행에 예금 계좌를 갖게 되었지. 이 은행은 암스테르담이 국제 금융의 중심지가 되는 데 큰 역할을 했고, 유럽의 금융 발전에 많은 영향을 끼쳤어.

19. 튤립 투기 파동

튤립 투기 광풍에 빠진 네덜란드

17세기, 네덜란드는 많은 돈이 모였지만 국토가 좁고 경제 규모가 작아서 투자할 곳이 마땅치 않았어. 그러자 네덜란드인들은 튤립에 관심을 두기 시작했어. 튤립은 네덜란드에서 무척 사랑받는 꽃이야. 그래서 다양한 종류의 튤립 알뿌리를 수입해서 품종 개량을 했고, 2,000종이 넘는 다양한 모양의 빛깔과 무늬를 가진 튤립을 만들었지. 이 중 희귀한 모양의 튤립 알뿌리는 부자들에게 비싸게 판매되었어. ==투자할 곳을 못 찾던 부자들은 1634년부터 희귀한 모양의 튤립 알뿌리에 투자했어.== 이제 튤립은 사람들의 취미 대상이 아니라 부자들의 투기 대상이 된 거야. 튤립 시장에서 튤립 알뿌리 가격은 1개월 만에 50배나 뛰었고, 아주 희귀한 튤립 알뿌리 하나의 가격이 교사 연봉의 몇 배가 될 정도가 되었지. 튤립 알뿌리를 사서 제때 잘 팔기만 하면 큰돈을 벌 수 있었어. 그러자 서민들도 이 투기에 뛰어들었어. 투기가 과열되자 집을 담보로 돈을 빌려 튤립 알뿌리에 투자하는 사람도 생겼지.

==하지만 튤립 알뿌리에 대해 법원에서 재산 가치를 인정하지 않자 1637년부터 가격이 폭락하기 시작했어.== 투기 열풍은 순식간에 꺼졌고, 튤립 알뿌리 가격은 최고로 비쌀 때보다 수천분의 1 수준으로 떨어졌지. 투기 광풍이 지나간 후, 네덜란드 경제는 불황을 겪어야 했어. 이 사건은 역사상 처음으로 일어난 비합리적인 투기 열풍의 대표적인 사례라고 볼 수 있어.

20 유럽 최초의 지폐
귀금속 보관 영수증이
지폐가 되다

　17세기 중반, 영국에서는 금으로 귀중품을 만드는 금세공인들이 부자와 상인들의 금화와 귀금속을 보관해 주는 일도 했어. 금세공인들은 금화나 귀금속을 맡긴 사람들에게 보관 영수증인 골드스미스 노트를 만들어 주었지. 골드스미스 노트를 금세공인에게 가져가면 언제든지 금화나 귀금속을 찾을 수 있었던 거야. 그런데 시간이 지나면서 사람들은 물건값을 치르기 위해 금화를 주는 대신에 골드스미스 노트를 주기 시작했어. 물건을 파는 사람도 골드스미스 노트를 금세공인에게 가져가면 언제든지 금화를 받을 수 있었으므로 불만이 없었지. 사람들은 점점 골드스미스 노트로 맡겨 둔 금화를 찾기보다는 돈처럼 사용했어. 그러자 금세공인들은 골드스미스 노트를 가진 사람들이 모두 같은 시간에 찾아와 맡긴 금화나 귀금속을 찾는 일이 없으리라 믿고, 맡긴 금화나 귀금속의 양보다 더 많은 영수증을 만들어 돈이 필요한 사람들에게 빌려주고 이자를 받기 시작했지. 이것을 통해 돈을 많이 번 금세공인들은 금세공 일 대신에 보관 영수증을 만들어 빌려주는 일에 몰두했어. 결국 그들은 은행을 만들고 보관 영수증인 골드스미스 노트를 발전시켜 종이돈, 즉 지폐를 만들었지. 이렇게 해서 유럽에서도 지폐를 사용하게 되었어.

21 동인도 회사

유럽 열강, 동인도 회사를 통해 무역을 독점하다

　1600년, 영국은 네덜란드보다 먼저 동인도 회사를 세웠지만, 네덜란드보다 늦게 본격적인 무역에 나섰어. 게다가 영국 동인도 회사의 주식 거래도 네덜란드보다 늦어 1657년이 되어서야 시작되었어. 1604년, 프랑스도 동인도 회사를 설립했지. 하지만 프랑스의 동인도 회사는 17세기 중반이 되어서야 해상 무역에 진출했어. 그런데 왜 네덜란드, 영국, 프랑스는 동인도 회사라는 이름의 회사를 세웠을까?

　당시 유럽 사람들은 인도란 말을 막연히 아시아 전체를 가리키는 말로 사용했어. 콜럼버스는 인도를 향해 가다가 신대륙 아메리카를 발견했는데, 그곳을 아시아의 일부라 믿었지. 그 후에 이곳이 별개의 땅이라는 게 밝혀지자, 사람들이 서인도라고 부르게 되었어. 인도와 동남아시아 지역은 동인도라고 불러 구별을 했지. 그곳에서 무역을 할 목적으로 회사의 이름을 동인도 회사로 지었던 거야. ==이 동인도 회사들은 인도와 동남아시아의 많은 지역을 정복하여 직접 지배하거나 원래 있던 그 지역의 지배 세력을 이용하여 간접 지배했어.== 이를 통해 그 지역에 향신료를 강제로 재배하게 하고 이를 사들여 유럽과 향신료 무역을 했지. 그런데 각국의 동인도 회사들은 서로 경쟁하다가 곳곳에서 부딪혔어. 결국 1652년부터 영국과 네덜란드는 전쟁을 벌였고, 이 전쟁에서 영국이 승리하면서 세계 무역의 주도권을 차지했지.

22 중앙은행의 시작

중앙은행의 시작이 된 영란 은행

1689년, 영국은 프랑스와 전쟁을 시작했는데, 세금만으로 전쟁 자금을 마련할 수가 없었어. 사업가 윌리엄 패터슨은 국왕에게 은행을 세우게 해 준다면 자금을 빌려주겠다고 제안했지. 대신 자신이 세운 은행은 금이 준비되지 않은 상태에서도 정부에 빌려준 자금만큼 지폐를 발행할 수 있는 특별한 권리를 달라고 했어. 이렇게 해서 1694년, 패터슨이 모은 상인들이 내놓은 돈으로 영란 은행이 설립되었지. 그 상인들은 그 은행의 주주가 된 거야. 패터슨은 정부에게 돈을 빌려주는 은행이 더 신뢰를 받으리라 생각했는데, 그 생각이 적중한 거야. 은행을 열자마자 많은 돈이 예금되었고, 상인들은 이 은행에서 발행한 지폐의 가치가 금화나 은화와 같다고 생각했지. 영란 은행은 발행한 지폐를 언제든지 금화와 바꿔 주겠다고 약속을 했거든.

그 후, 영란 은행은 일반적인 은행 업무뿐 아니라 정부에게 돈을 빌려주고 지폐를 발행하는 등 정부의 은행 역할을 계속했고, 정부의 돈을 보관하는 일도 했지. 영국 정부는 영란 은행만이 화폐를 발행할 수 있다는 법을 만들었어. 19세기 중반부터는 영란 은행이 다른 은행에 돈을 빌려주는 은행의 은행 역할까지 하게 되었지. ==영란 은행은 지폐와 수표를 발행하고 정기 예금 제도를 만드는 등 현대적 은행 제도를 세우는 데 큰 역할을 했어. 현재 대부분 나라에서 운영하는 중앙은행 제도의 시초가 되었지.==

| 23 | 보험의 시작 |

커피 하우스에서 발전한 보험업

해상 무역에는 항상 위험이 뒤따랐어. 배가 난파를 당하거나 길을 잃고 표류하는 경우가 많았거든. 고대 그리스 시절부터 그 위험을 덜기 위한 방법이 있었지. 배나 화물의 주인이 배나 화물을 담보로 부자들에게 돈을 빌리고, 배가 무사히 돌아오면 돈을 꿔 준 사람에게 빌린 돈과 함께 높은 이자를 주었는데, 만약 항해에 실패하면 돈을 꿔 준 사람에게 빌린 돈을 돌려줄 의무가 없었어. 이것을 '모험대차'라고 해. 모험대차는 13세기 초반, 교황이 이자 금지 명령을 내리자 오늘날의 보험과 비슷하게 바뀌었어. 배나 화물의 주인은 계약을 맺고 부자들에게 이자 대신 수수료를 주는 거야. 부자들은 배가 무사히 돌아오면 수수료를 챙기고 반대로 사고가 나면 그 손해를 보상했지.

그러다 17세기, 해상 무역의 중심이 된 런던에서 해상 보험업이 번성했어. 당시 해상 보험업을 하는 사람들은 주로 로이드 커피 하우스에 모여 정보를 주고받고 계약을 했어. 그러면서 해상 보험업자들이 만든 로이드 협회가 생겨났는데, 이 협회가 가장 오래된 보험 조직이야. 한편 화재 보험은 1666년, 일어난 런던 대화재를 계기로 탄생했어. 런던 시내를 5일 동안이나 태운 대화재로 목조 건물이 많았던 당시 런던은 건물의 80%가 탔지. 그 후, 런던 사람들은 앞으로 일어날지 모르는 재앙에 대한 대비책을 고민했는데, 이때 화재로 인한 피해자를 돕는 방법으로 화재 보험을 만들었어.

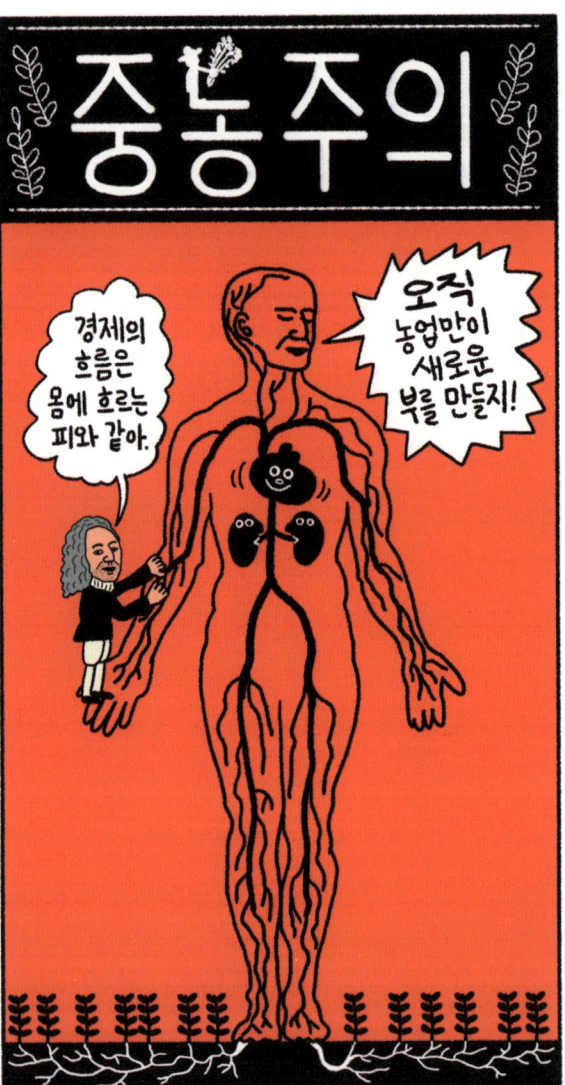

24 중농주의
경제에서 가장 중요한 것은 농업이다

15세기 후반부터 유럽의 많은 나라는 상공업과 무역을 장려하는 중상주의를 따르고 있었어. 그런데 18세기 후반에 프랑스에서 다른 생각이 나타났어. 경제에서 가장 중요한 것은 상업이 아니라 토지라는 생각이지. 농업만이 생산적인 노동이라고 믿은 거야. 이 생각을 처음 한 사람은 프랑스 국왕인 루이 15세의 주치의였던 프랑수아 케네였어. 케네와 그의 생각을 따르는 사람들을 중농주의자라고 불렀는데, 이들은 농업이 새로운 부를 만들고 상업이 그 부를 세상에 나누는 역할을 한다고 주장했어. 상업은 물건을 사서 판매하는 것에 불과하므로 이 과정에서 새로운 부가 만들어지지 않는다고 본 거야. 또 경제가 사람의 몸과 같아서 경제의 흐름을 사람 몸에 흐르는 혈액의 흐름과 비슷하다고 생각했어. 그래서 케네는 《경제표》라는 책을 통해 국민을 생산하는 농민, 소비하는 귀족, 생산하지 않는 계급인 시민으로 나누고 부의 원천인 농산물이 세 계급 사이에서 어떻게 움직이는지 설명했지. 이것을 최초의 경제 순환 설명이라고 해. 이들은 또 국가가 적극적으로 정책을 펴서 부를 쌓아야 한다는 중상주의와 달리 농업의 생산을 높이려면 그대로 내버려 두어야 한다는 자유방임주의를 주장했어.

중농주의는 농업 이외는 생산을 인정하지 않은 잘못이 있지만, 체계를 갖춘 최초의 경제 이론으로 이후 경제학에 많은 영향을 끼쳤어.

25 영국의 산업 혁명 시작

공업 생산이 혁명적으로 발전하다

17세 말, 영국은 인도에서 수입한 면직물이 인기를 끌자 나라 경제를 이끌던 전통 산업인 모직물 산업이 큰 타격을 입었어. 결국 1720년, 영국 정부는 인도산 면직물 판매를 금지했지. 그러자 영국 상인들은 해외에서 면직물 재료인 목화솜을 수입하여 직접 면직물을 만들려 했어. 그러면서 영국의 면직물 공업은 발달하기 시작했지. 1733년, 그전보다 적은 인력으로 직물 짜는 속도가 두 배 이상 빠른 베틀인 '플라잉 셔틀'이 발명되었어. 목화솜에서 편리하게 실을 뽑는 조면기라는 기계도 만들어졌지. 1760년대에는 물의 힘으로 방적기를 돌리는 수력 방적기가 발명되었어. 1781년에는 제임스 와트가 기존의 증기 기관을 개량하여 에너지 효율이 몇 배나 높은 새로운 증기 기관을 발명했지. 그 후, 증기 기관의 힘으로 움직이는 방적기와 옷감을 짜는 직조기가 발명되었어. 이와 같은 기계의 발명과 기술의 발달로 영국의 면직물 공업은 기계화되었고 빠른 속도로 발달했지. 이러한 발달은 철강, 석탄, 기계 등 다른 공업의 발전에도 영향을 끼쳤고, 생산량이 증가하면서 원료와 제품을 운반하는 운송 수단도 발전하여 증기 기관을 이용한 증기 기관차와 증기선이 등장했어. 이와 같은 공업 생산의 혁명적인 발전을 산업 혁명이라고 불러. 산업 혁명은 1760년대부터 1830년대까지 약 70년간 영국에서 시작되었는데, 세계 경제사에서 가장 중요한 사건 중 하나야.

26. 애덤 스미스의 국부론

경제학의 아버지, 애덤 스미스

1776년, 영국의 글래스고 대학교 교수 애덤 스미스는 《국부론》이란 책을 출간했어. 애덤 스미스는 이 책에서 국가의 부는 생산에서 나온다고 주장했지. 그는 프랑스의 중농주의에 영향을 받았지만, 농업 생산이 아닌 공업 생산이 부의 원천이라고 보았어. 그리고 생산 능력을 높이는 방법으로 분업에 주목했지. 하나의 물건을 한 사람이 처음부터 끝까지 만드는 대신 여러 사람이 단계별로 일을 나누어 만들면 훨씬 많은 물건을 만들 수 있다는 거야.

이 책에서 스미스는 인간이 경제 활동을 하는 이유가 자기 이익을 위해서라고 주장했어. 또 '보이지 않는 손'이 자기 이익을 쫓는 사람들을 조절해서 사회 전체에 이익이 되는 방향으로 이끈다고 생각했지. 예를 들어 사과 1개를 1,000원에 팔던 장사꾼 A가 시장에 사과가 부족해지자 자기 이익을 위해 사과를 2,000원으로 올렸다고 해. 그런데 다른 장사꾼들이 사과를 1,500원에 팔면, A의 사과는 너무 비싸서 안 팔릴 거야. 결국 A도 사과를 1,500원에 팔아야 하지. 이렇게 장사꾼의 이기심을 조절해서 사과 가격을 정해 준 것이 바로 보이지 않는 손이라는 거야. 그는 보이지 않는 손이 제대로 작동하려면 정부 규제가 없어야 하고, 국가도 외국과 자유로운 무역을 해야 한다고 생각했어. 《국부론》은 처음으로 경제학을 체계화했지. 그래서 사람들은 애덤 스미스를 경제학의 아버지라고 불러.

27 산업 혁명의 그늘

산업 혁명이 만든
어두운 그늘

영국은 산업 혁명으로 세계 최강의 산업국이 되었지만 여러 문제가 나타났어. 수공업 노동자들은 새로 등장한 기계들이 일자리를 빼앗는다고 분노했지. 그래서 19세기 초반, 직물 공장의 기계를 파괴하는 운동을 일으켰어. 이 운동을 러다이트 운동이라고 불러. 그들은 기계를 파괴해야 일자리를 지킬 수 있다고 생각했는데, 어리석은 생각이었어. 그 기계로 인해 새로운 일자리가 많이 생겼거든. 이 운동은 군대가 동원되어 진압했지만 더 큰 문제가 있었어.

당시 농촌에는 대형 농장들이 들어서고 있었어. 소규모 농사를 짓던 농민들이 농촌을 떠나 도시로 가서 공장의 노동자가 되었지. 대부분 아주 적은 임금을 받고 하루 14~15시간을 열악한 환경에서 힘든 노동을 해야 했어. 반면에 공장을 가진 부자들은 새로운 지배층이 되었는데, 이들을 자본가라 불렀어. 도시에는 가난한 사람들이 넘쳐 났으며 빈부 격차가 심했어. 자본가들은 자기 이익을 위해 임금을 적게 주려 했어. 직물 공장이 기계화되면서 임금이 높은 능숙한 노동자 대신 임금이 낮은 여성과 어린이를 고용하려는 공장이 늘어났지. 게다가 노동자들은 도시의 비위생적인 환경에서 살아야 했으므로 전염병이 자주 발생했어. 가난한 노동자들은 치료도 받지 못한 채 죽기도 했지. 또 공장에서 석탄 등의 연료를 대량으로 사용하면서 나오는 공해 물질로 인해 환경 오염이 심했어.

28 맬서스의 인구론

인구의 지나친 증가로 빈곤은 계속된다

애덤 스미스는 《국부론》을 통해 시장 경제 체제인 자본주의의 미래를 낙관적으로 생각했어. 세계가 '보이지 않는 손'에 의해 전체에 이익이 되는 방향으로 발전하고, 생산성이 높아지면서 노동자의 빈곤도 점차 없어지리라 생각한 거야. 그런데 18세기 말, 산업 혁명이 진행되면서 오히려 빈곤이 더 큰 사회 문제가 되었어.

1798년, 영국 성공회의 목사였던 토머스 맬서스는 미래를 비관적으로 예측한 책 《인구론》을 출간했어. ==《인구론》에서 맬서스는 식량보다 인구가 더 빨리 증가하므로 빈곤이 계속될 것이라고 주장했지.== 사람들이 대부분 결혼해서 자식을 낳지만, 땅은 자식을 낳지 못하므로 농지 지을 땅이 늘어나기 힘들다고 본 거야. 사람들은 1, 2, 4, 8, 16, 32, 64……와 같이 2배씩 증가하지만, 땅에서 생산되는 식량은 1, 2, 3, 4, 5, 6, 7……와 같이 조금씩 증가한다고 생각했지. 따라서 생산성이 높아져도 인구 증가를 따라가지 못해 많은 사람이 빈곤한 생활에서 벗어날 수 없다고 주장했어. 그는 사람들이 결혼을 늦게 하고 아이를 조금만 낳아야 하며 자식이 많은 빈민에게 주는 정부의 복지 혜택을 줄여야 한다고 생각했지.

맬서스는 《인구론》 발표 후에 유명해져서 경제학 교수가 되었고, 그의 생각은 이후 경제학에 많은 영향을 끼쳤어.

(29) 리카도의 자유 무역

자유 무역은 더 많은 부를 만들 수 있다

19세기 초반, 영국은 프랑스의 나폴레옹과 전쟁을 벌이면서 유럽 대륙으로부터 곡물을 수입하지 못해 곡물 가격이 매우 높았어. 전쟁이 끝나고 많은 양의 외국 곡물이 영국으로 들어오자 곡물 가격은 순식간에 떨어졌지. 그러자 땅을 가진 지주들의 불만이 커졌고, 영국 의회는 외국에서 들어오는 곡물에 많은 세금을 부과하는 '곡물법'을 만들었어. 관세를 높인 거야.

이때 경제학을 연구하던 데이비드 리카도는 자유 무역에 관한 책을 펴냈어. 그는 수입 곡물에 관세를 높여 가격을 올리면 가난한 사람들이 굶주리고 노동자의 임금도 올라가서 산업 자본가들의 이익이 줄어든다고 보았어. 결국엔 지주들의 이익만 늘고 산업 발전을 가로막는다고 생각했지. 그리고 자유 무역이 좋은 이유를 설명했어. 예를 들어 같은 시간과 비용을 들여 A가 햄 3개와 감자 6개, B가 햄 2개와 감자 1개를 생산한다고 할 때, A와 B는 햄 5개와 감자 7개를 생산할 수 있어. 그런데 A는 B와 비교하면 햄보다 감자를 더 잘 만들고, B는 A와 비교하면 감자보다 햄을 더 잘 만들어. 이것을 비교 우위라고 부르지. 만약 A가 감자만 생산하고 B가 햄만 생산하면, A와 B는 햄 5개, 감자 7개보다 더 많은 햄과 감자를 생산할 거야. 나라마다 비교 우위를 갖는 분야에 집중하고 자유 무역을 하면 세계가 더 많은 부를 만든다는 생각이지. 결국 1846년, 곡물법은 폐지되었고 자유 무역이 힘을 얻었어.

30 보호 무역
나라의 산업을 보호하는 보호 무역 정책

    19세기 초반, 독일은 여전히 수많은 영주가 각각의 나라를 다스리고 있었어. 그러다 보니 독일 안에서조차 상품 거래가 자유롭지 않았지. 영주가 자기 지역을 통과하는 상품에 세금을 따로 매길 정도였어. 독일은 산업이 발전할 수 없었던 구조였고, 산업 혁명으로 발전한 영국과 도저히 경쟁할 수 없는 수준이었던 거야. 독일의 경제학자 프리드리히 리스트는 영국의 상품이 자유롭게 수입되면 독일의 공장들은 살아남기 힘들다고 보았어. 그는 모든 나라가 자유롭게 물건을 사고팔면 모두에게 이득이 된다는 리카도의 자유 무역 이론이 현실에 맞지 않고 영국만을 위한 주장이라고 생각했어. 리스트는 경제가 수렵, 목축, 농업, 농공업, 농공상업 단계를 차례로 거쳐 발전한다고 보았는데, 자유 무역으로 서로에게 이익이 되려면 무역하는 나라 모두 경제 발전이 농공상업 단계에 이르러야 한다고 믿었지. 그래서 공업 발전이 늦은 독일은 영국과 자유 무역을 하면 손해이므로, 독일의 공업을 보호하기 위해 정부가 나서서 자유 무역을 막는 '보호 무역 정책'을 펴야 한다고 생각했어.
    1841년, 그의 경제 이론이 책으로 나왔는데, 그의 이론은 독일은 물론이고 미국에서도 큰 환영을 받았지. 당시 미국은 영국 상품들이 많이 들어오고 있었거든. 지금도 그의 이론은 산업 강국에 맞서 자기 나라 산업을 보호하려는 나라들에게 환영받고 있어.

31 산업 혁명의 확산

산업 혁명이 영국을 넘어 세계로 퍼지다

산업 혁명은 19세기에 유럽의 다른 나라와 미국으로 퍼져 나갔어. 프랑스는 산업 혁명이 천천히 진행되었지만, 영국과 마찬가지로 면직물 공업을 중심으로 혁명이 진행되었지. 면직물 공업의 발달은 다른 산업에도 영향을 주어 철강업이 발달했고, 철도가 건설되면서 활발하게 진행되었어. 독일은 여러 개의 영방 국가로 이루어졌고, 농업 중심의 경제 체제였으므로 산업 혁명이 일어나기 어려운 구조였어. 하지만 영국과 프랑스에게 자극을 받은 독일은 영방끼리 관세 동맹을 맺어 관세를 크게 낮추거나 없애고 면직물 공업을 중심으로 산업 혁명을 시작했지. 독일은 영국이나 프랑스에 비해 산업 혁명이 늦었지만 짧은 기간에 많은 발전을 이룩했어. 특히 철과 석탄 등의 지하자원이 풍부하여 기계 공업이 크게 발전할 수 있었어.

영국에서 독립한 미국은 유럽에서 수입하는 물건이 많았는데, 19세기 초반, 영국과 프랑스의 전쟁으로 유럽과 거래가 어려워지자 수입하던 물건을 스스로 만들 수밖에 없었어. 그러면서 공업이 발전하기 시작했지. 처음에는 면직물 공업을 중심으로 공업이 발전했어. 19세기 중반까지만 해도 미국 북부는 상공업, 남부는 농업이 중심이었는데, 1860년대에 있었던 남북전쟁으로 노예 제도가 폐지되고 미국 경제가 하나로 합쳐지면서 본격적으로 산업이 발전했지. 19세기 말에는 러시아와 일본에서도 산업 혁명이 일어났어.

> 32 | 마르크스의 경제학

노동자가 자본주의를 끝장낼 것이다

산업 혁명으로 자본주의가 발달하면서 자본가는 점점 부자가 되었지만, 노동자의 삶은 비참했어. 이런 현실을 보고 독일 출신의 언론인이자 철학자인 카를 마르크스는 새로운 경제 이론을 만들었지. 1867년, 그는 《자본론》을 통해 자본주의 체제에서 노동자는 자본가와의 불평등한 관계로 인해 늘 가난할 수밖에 없다고 주장했어. 자본가는 기계나 공장 같은 자본을 제공한 대가로 이윤을 얻고, 노동자는 노동의 대가로 임금을 받아. ==그런데 노동자는 노동의 가치보다 훨씬 적은 임금을 받고, 자본가는 자본을 제공한 대가보다 더 많은 이윤을 챙긴다는 거야.== 자본가는 이윤을 더 얻으려 노동자의 임금을 줄이고 노동 시간을 늘리려 하는데, 임금 없이는 살 수 없는 노동자는 자본가가 제시하는 조건을 그대로 받아들일 수밖에 없다고 보았어.

또 애덤 스미스의 분업에 대해서도 비판했어. 분업은 자본가가 더 이윤을 얻는 수단으로, 노동자가 부품처럼 단순 동작을 반복하게 만든다고 보았지. 그리고 자본가의 끝없는 욕심으로 상품을 계속 만드는데 노동자의 임금은 점점 줄고 실업자가 계속 늘면, 상품을 살 수 있는 사람이 줄어서 기업은 상품을 팔지 못해 자본주의가 위기를 맞는다고 생각했어. ==결국엔 노동자가 혁명을 통해 자본주의를 끝내고, 땅이나 공장 등의 생산 수단을 공동 소유하며 재산 또한 공동으로 나눠 갖는 평등한 경제 체제로 바꾼다고 예언했지.==

33 제국주의 시대

새로운 시장, 식민지를 넓혀라!

19세기 전반에는 자유 무역이 힘을 얻었지만, 후반으로 갈수록 보호 무역이 더 힘을 얻었어. 산업 혁명이 일어난 나라가 많아지면서 이제 서로를 경쟁자로 보기 시작했지. 모두에게 이익을 준다는 자유 무역보다는 국가의 이익이 중요했던 거야. 너도나도 공업국이 되다 보니 상품은 넘쳐 나는데 팔 곳이 부족해서 새로운 시장이 필요했어. 유럽 각국은 새로운 시장을 개척하기 시작했는데, 그게 바로 식민지였지. 강력한 군사력과 경제력을 앞세운 유럽 강대국들이 세계를 무대로 식민지를 넓히는 제국주의 시대가 된 거야.

19세기, 최강국인 영국은 가장 많은 식민지를 차지했고 그 식민지에 자유 무역을 강요했지. 영국은 인도를 식민지로 만든 후 영국에서 만든 상품을 팔고 헐값에 자원을 사들였어. 또 인도에서 사들인 아편을 중국에 팔았는데, 중국이 아편 단속을 강화하자 전쟁을 일으켜 중국을 굴복시켰지. 산업 혁명 이전인 18세기 중반까지 세계에서 거래되는 상품을 유럽 전체보다 많이 생산했던 중국은 산업 혁명에 뒤처지면서 유럽 강대국의 먹잇감이 된 거야.

프랑스는 베트남, 캄보디아 등을, 네덜란드는 인도네시아를 식민지로 만들었지. 아프리카도 에티오피아와 라이베리아를 제외한 모든 지역이 영국과 프랑스 등 유럽 나라의 식민지가 되었어. 결국 아시아, 아프리카, 오세아니아의 80%가 유럽 강대국의 식민지가 되거나 종속국이 되고 말았지.

34 금 본위 제도
금으로 바꿀 수 있는 지폐가 널리 사용되다

19세기 초반, 영국은 프랑스의 나폴레옹과 전쟁을 하면서 재정이 안 좋았어. 그래서 중앙은행인 영란 은행이 발행하는 파운드화에 대한 신뢰가 크게 흔들렸지. 만일 전쟁에 지면 국가 재정이 파탄 나서 영란 은행이 발행하는 지폐가 단숨에 가치를 잃을 수도 있었거든. 불안해진 국민은 지폐를 금으로 바꾸려고 영란 은행에 몰려들었어. 영국 정부는 영란 은행이 지폐를 금으로 바꿔 주는 것을 막았고, 전쟁에서 승리한 후에야 지폐를 새로 만든 금화로 바꿔 주었지. 이 금화 덕분에 영란 은행이 발행하는 지폐는 가치를 유지할 수 있었어. ==그 후, 영란 은행은 발행하는 지폐와 같은 금액의 금을 보관하여 파운드화 지폐의 신용을 높였어. 이렇게 화폐의 가치를 금의 가치와 연결하고 화폐를 금으로 바꿔 주는 제도를 금 본위 제도라고 해.== 영국이 금 본위 제도를 처음으로 사용한 거야.

19세기 후반, 영국은 막강한 금융의 힘으로 파운드화 지폐를 대량으로 발행하여 세계 경제를 움직였어. 영국의 파운드화는 많은 나라가 무역을 할 때 가장 많이 사용하는 화폐가 된 거야. 독일, 프랑스 등 몇몇 경제 강국도 영국을 쫓아 금 본위 제도를 선택했어. 금 본위 제도를 채택한 나라의 화폐가 국제 무역에서 사용하기 편했거든. 예를 들어 영국 1파운드와 독일 1마르크에 맞는 금의 가치를 알고 있으므로 그 교환 비율인 환율을 쉽게 계산할 수 있지.

35 한계 효용 이론의 탄생

한계 효용으로
상품의 가치를 보다

애덤 스미스, 리카도, 마르크스 등의 경제학자들은 상품을 만드는 데 들어간 노동의 양이 그 상품의 가치를 결정한다고 생각했어. 그런데 새로운 시각으로 상품의 가치를 보는 경제학자들이 나타났지.

프랑스 경제학자 레옹 발라는 1874년에 출간한 《순수 경제학 원리》를 통해 '효용'을 설명했어. 어떤 물건을 소비하면서 얻는 만족을 효용이라고 하는데, 그 물건을 1개 더 소비할 때 추가로 얻는 만족도를 '한계 효용'이라고 하지. 예를 들어 한 아이에게 아이스크림 3통이 생겨 녹기 전에 모두 먹어야 해. 아이는 아이스크림 1통을 맛있게 먹어서 만족이 아주 컸어. 하지만 두 번째 통은 만족이 줄었지. 세 번째 통은 배가 너무 불러서 효용이 거의 없었어. 이렇게 물건을 소비할수록 만족을 느끼는 정도가 줄어드는 것을 '한계 효용 체감의 법칙'이라고 해. 발라는 각각의 한계 효용이 같을 때 총효용이 가장 크다는 법칙도 알아냈어. 아이스크림만 먹는 대신 아이스크림과 과자 중 더 먹고 싶은 것부터 하나씩 먹는다면, 아이스크림과 과자의 만족도가 같아지는 경우가 생길 거야. 즉 한계 효용이 같아지는 거지. 이럴 때 총효용이 가장 커진다는 법칙이야. 발라는 모든 시장에서 어떻게 상품의 수요와 공급이 일치하고 가격이 결정되는지를 수학의 방정식으로 분석한 '일반 균형 이론'도 만들었어. 애덤 스미스의 '보이지 않는 손'을 수학으로 보여 준 거야.

36 제2차 산업 혁명

미국과 독일이 주도한 제2차 산업 혁명

산업 혁명은 19세기 말부터 또 다른 모습으로 진행되었어. 이번에는 미국과 독일에서 더 활발했지. 독일은 1871년, 영방 국가들이 한 나라로 통일하여 더 적극적으로 공업이 발전할 수 있었고, 미국도 남북 전쟁을 끝내고 한참 공업이 발전하고 있었거든. 이 두 나라는 화학, 철강, 자동차, 전기 등의 산업에서 새로운 기술이 개발되어 발전했어. 이전 산업 혁명에서는 주로 석탄을 사용해 기계를 돌렸다면 이제는 석유와 전기를 사용했지. 석유로 움직이는 내연 기관은 훨씬 편리했고 에너지 효율도 좋았어. 내연 기관이 자동차를 움직이면서 자동차 산업도 크게 발전했지. 또 전기로 움직이는 모터는 편리하게 공장의 기계를 돌렸고, 전차와 같은 교통수단에도 이용되었어. 전기를 이용한 전화, 라디오, 전신 등 통신 수단과 전등도 발명되었지.

제2차 산업 혁명에서는 규모가 큰 설비 투자가 많아서 많은 돈이 필요했어. 기업들은 주식회사가 되어 수많은 주주로부터 필요한 돈을 모았지. 그러면서 주식 시장이 성장했어. 그런데 제2차 산업 혁명 시절에도 노동자의 임금은 여전히 많지 않았고 빈부 격차가 계속되었지. 하지만 노동자의 권리와 복지는 커졌어. 유럽 각국에서 노동자가 노동 조합을 세워 자본가에 맞섰고, 독일에서는 건강 보험, 산업 재해 보험 등의 노동자 복지 제도가 생겼으며, 영국에서도 건강 보험, 실업 보험을 도입했어.

37 제1차 세계 대전과 세계 경제

유럽 제국주의가 세계 전쟁을 일으키다

제2차 산업 혁명으로 미국과 독일은 영국을 제치고 세계 최고의 산업 생산국이 되었어. 그러면서 독일은 뒤늦게 식민지를 차지하려 나섰고, 이미 많은 식민지를 확보한 영국, 프랑스와 경쟁해야 했지. 그러니 독일은 영국, 프랑스와 사이가 좋을 수가 없었어. 그러던 중 1914년에 보스니아 사라예보에서 오스트리아의 황태자 부부가 살해되는 사건이 발생했지. 이 사건을 계기로 독일, 오스트리아, 오스만 제국의 동맹국과 영국, 프랑스, 러시아의 협상국이 전쟁을 시작했어. 이 전쟁이 바로 제1차 세계 대전이야. 전쟁은 미국이 협상국 측에 가담하면서 협상국의 승리로 끝났어.

이 전쟁은 세계 경제에 큰 영향을 끼쳤지. 영국은 전쟁 비용에 쓰려고 화폐를 마구 찍어 내어 발행한 화폐만큼 금을 보유하는 금 본위 제도가 한동안 중단되었고, 화폐 가치가 떨어져 물가는 크게 올랐지. 패전국인 독일은 훨씬 심했어. 막대한 전쟁 배상금까지 물어야 했거든. 독일은 화폐를 마구 찍어 내어 물가가 상상을 초월할 정도로 올랐고, 화폐가 휴지처럼 되었어. 1마르크도 안 되었던 빵 가격이 1,000억 마르크를 넘길 정도였지. 반면에 이 전쟁으로 미국은 큰 이득을 얻었지. 유럽 국가들이 미국에게 전쟁에 필요한 물건도 사고 돈도 빌렸거든. 그래서 미국은 세계에서 돈을 가장 많이 빌려준 나라가 되었고, 뉴욕이 새로운 국제 금융 중심지로 떠올랐어.

38) 러시아의 사회주의 혁명

사회주의 경제 체제의 국가가 탄생하다

노동자가 혁명을 일으켜 노동자를 위한 평등한 경제 체제를 세운다는 마르크스 이론은 유럽 곳곳으로 퍼져 나갔어. 그러자 유럽의 자본주의 국가들은 노동자들이 마르크스 이론에 물들지 않도록 노동자 복지 제도를 도입하기 시작했지.

1917년, 러시아에서 사회주의 혁명이 일어났어. 사회주의 경제 체제에서는 사회 전체가 생산 수단을 소유하고 나라에서 사람들의 경제 활동을 관리하지. 드디어 마르크스 이론이 실현되는 사건이 일어난 거야. 혁명을 이끈 레닌은 새 헌법을 만들어 노동자와 농민이 나라를 다스린다고 선포하고, 나라 이름을 소련으로 바꾸었어. 처음으로 자본주의에 맞서 노동자와 농민이 중심이 된 경제 체제의 국가가 탄생한 거야. 소련에서는 노동자와 농민이 나라에서 만든 기업과 집단 농장에서 국가의 명령에 따라 주어진 일을 했어. 그러면 나라에서 노동자와 농민에게 생활에 필요한 모든 것을 지원했지. 하지만 마르크스의 예언과 달리 소련 사람들은 평등하게 살지 못했어. 사회주의를 이끄는 공산당이 모든 권력을 가졌기 때문이야. 공산당 안에서도 지위의 높고 낮음에 따라 빈부 격차가 있었어. 지위가 높은 사람일수록 좋은 물건을 마음대로 가질 수 있었고 좋은 집에 살 수 있었지. 반면에 일반 노동자들은 물건을 사기 위해 긴 줄을 서야 하고 살 수 있는 물건도 정해져 있었어.

39 대량 생산, 대량 소비 시대의 시작
더 많이 만들고, 더 많이 쓰자!

20세기에 들어 미국은 세계 산업 생산 1위 자리를 확고히 굳혔어. 생산 능력도 뛰어나서 노동자의 임금도 높았지. 게다가 이민자가 계속 들어와 1915년에 이미 인구가 1억 명이 넘었어. 또 제1차 세계 대전 덕분에 공업 생산이 두 배나 뛰면서 전쟁 후에는 세계 공업 생산의 40%를 차지했지. 그러면서 미국에서는 대량 생산, 대량 소비의 시대가 열렸어.

그 대표적인 상품이 포드자동차가 만든 자동차 모델T로, 약 20년간 1,500만 대가 팔렸어. 이런 대량 생산이 가능했던 것은 공장에서 레일을 따라 이동하는 컨베이어 작업 방식을 도입했기 때문이야. 이전에 12시간 걸렸던 자동차 조립이 1시간 30분으로 줄었지. 그러면서 가격이 많이 낮아졌는데, 1920년대에 이 자동차의 가격은 당시 고급 자동차 가격의 $\frac{1}{10}$ 수준이었어. 이제 누구나 자동차를 가질 수 있는 시대가 된 거야. 라디오, 냉장고, 세탁기 등의 가전제품도 널리 보급되었지. 또 19세기 말에 발명된 영화가 미국에서 산업으로 발전, 1920년대에 매주 8,000만 명이 극장을 찾았다고 해.

이렇게 대량 생산과 대량 소비가 이루어지면서 기업은 이윤을 더 얻으려 투자를 늘렸고, 주식 시장에서 기업의 주식 가격은 매일 최고 기록을 넘겼어. 미국인들은 주식 투자와 대량 소비에 흠뻑 빠져 있었던 거야.

40) 슘페터의 기업 혁신

자본주의를
발전시키는 힘, 혁신!

20세기 초반, 미국의 경제를 보면 자본주의는 한없이 발전할 거 같았어. 이렇게 자본주의 경제를 발전시키는 힘은 어디에서 나오는 걸까? 오스트리아 출신의 미국 경제학자 조지프 슘페터는 기업가의 혁신이 자본주의를 발전시키는 힘이라고 보았어. 기업가의 혁신은 다양한 모습으로 나타나. 새로운 물건의 발명이나 새로운 시장의 개척, 값싼 원료의 발견, 생산비를 아끼는 방법 등 새로운 사업 기회를 발견하고 이것을 사업에 발전시키는 행동 모두가 혁신이라는 거야. 그리고 기업가의 혁신에서 이윤이 생긴다고 보았어. 이윤은 혁신을 성공적으로 이끈 기업가의 노력에 대한 대가라고 생각했지. 자본가가 기계나 공장 같은 자본을 제공한 대가로 이윤을 얻고, 노동자는 노동의 대가로 임금을 받는다는 마르크스 이론과는 아주 다른 시각이야.

슘페터는 혁신에 의해 이미 있었던 기술과 제품 그리고 시장 등 낡은 것이 파괴되고 새로운 것이 탄생하는 과정을 창조적 파괴라고 했어. 기업가들의 혁신과 그로 인해 생기는 효과로 인해 호황기가 일어나고, 혁신의 효과가 사라지면서 불황기가 일어나는 등 경제의 상승과 하락이 반복되면서 자본주의가 발전한다고 보았지. 하지만 그는 자본주의가 발전할수록 멸망해 간다는 우울한 전망을 하기도 했어. 기업의 규모가 커질수록 혁신을 일으키는 기업가들이 뒤로 물러나기 때문이라는 거야.

41 대공황

최악의 경제 재앙이 시작되다

1920년대, 미국 주식 시장에서 주식 가격이 계속 오르자 주식을 사려는 사람들이 늘어났어. 사람들은 은행에서 돈을 빌려 주식을 사기도 했는데, 빌린 돈과 이자는 나중에 값이 오른 주식을 팔아 충분히 갚을 수 있었거든. 그러니 주식이 계속 오를 수밖에 없었지. 대부분의 사람들이 미국 경제가 계속 좋으리라 생각하고 더 많은 돈을 투자한 거야. 덕분에 더 많은 공장이 세워지고 더 많은 물건이 만들어졌지. 그런데 언젠가부터 물건이 팔리지 않고 창고에 쌓이기 시작했어. 이것을 눈치채고 경제가 나빠지리라 예상한 사람들은 주식을 팔려고 내놓았지. 그 영향으로 1929년 9월부터 주식 가격이 오르락내리락했어.

같은 해 10월 24일 목요일, 사람들이 너도나도 주식을 팔려고 나섰지. 주가 지수가 곤두박질쳤어. 이날을 '검은 목요일'이라고 불러. 바로 대공황이 시작된 거야. 주식을 팔려는 사람들은 계속 늘어났어. 이렇게 되자 은행에서 돈을 빌려 주식을 산 사람들은 빌린 돈을 못 갚아 파산하고, 돈을 떼인 은행은 휘청거렸지. 사람들은 소비를 줄였어. 생산된 물건이 더욱 팔리지 않으면서 기업도 힘들어서 휘청거렸어. 결국 수많은 기업과 은행이 문을 닫았지. 거리에는 실업자들이 넘쳐 났으며, 주가는 곤두박질쳐서 1932년에 주가 지수가 대공황 전 가장 높았을 때의 $\frac{1}{6}$이었대.

| 42 | 세계 경제로 퍼진 대공황

대공황이 미국을 넘어 세계로 번지다

미국 정부는 대공황을 탈출하기 위해 온갖 노력을 다했어. 노동자의 임금을 내리지 못하게 기업에 압력을 넣기도 했지. 상품이 팔리지 않는데 노동자의 임금을 내릴 수가 없자 기업은 어쩔 수 없이 노동자들을 내보냈어. 결국 1933년, 실업자는 더욱 늘어나 미국 인구의 $\frac{1}{4}$이 실업자가 되었어. 또 미국 정부는 수입 상품에 부과하는 세금인 관세를 400%로 올렸지. 기업이 만든 상품이 팔리지 않아 창고에 쌓이는데, 외국에서 상품이 들어오게 놔둘 수는 없었던 거야. 그러자 유럽 국가들도 수입 관세를 높였고, 국제 무역이 크게 줄어들었어. 미국은 남아도는 상품을 해외에 파는 통로도 막힌 거야. 결국 1929년부터 1933년까지 4년간 미국의 공업 생산량은 절반으로 줄었고, 1933년 국가 간 무역도 대공황 전보다 $\frac{1}{3}$로 줄었어.

미국은 해외에 투자했거나 빌려줬던 돈을 거둬들였어. 대공황은 이제 미국을 넘어 세계로 번진 거야. 식민지가 많았던 영국과 프랑스는 식민지로 수출을 늘리며 힘겹게 버틸 수가 있었지. 하지만 식민지와 자원이 없었던 독일, 이탈리아, 일본은 달랐어. 특히 미국 자본이 들어오면서 경제가 회복되던 독일은 큰 타격을 입어 생산이 반으로 줄고 실업자도 엄청나게 늘었지. 이들 나라는 전혀 다른 방향으로 사태를 해결하려 했어. 개인보다 국가의 이익을 강조하는 전체주의 국가로 변해 갔지.

43 케인스 이론

대공황의
해결 방법을 찾다

1930년대, 자본주의 경제는 대공황으로 휘청거렸어. 상품이 팔리지 않아 기업은 노동자를 줄였고, 실업자가 늘면서 상품이 더 팔리지 않는 악순환이 계속되었지. 시장에서 수요와 공급의 균형을 유지하는 '보이지 않는 손'은 제 역할을 할 수 없는 상태가 된 거야.

영국의 경제학자 존 메이너드 케인스는 대공황의 원인과 해결 방법을 제시했어. 1936년에 펴낸 그의 책 《고용, 이자 및 화폐의 일반 이론》을 통해 공황이 수요의 부족 때문에 일어났다고 주장했어. ==상품을 사려는 사람이 줄어서 공황이 일어났다는 거야.== 그리고 수요를 늘리는 방법을 제시했어. 정부가 먼저 나랏돈을 풀거나 세금을 줄여서 사람들이 소비할 수 있는 돈을 늘리는 방법이지. 예를 들어 정부가 돈 항아리를 땅속에 묻고 기업들에게 그 돈을 마음대로 찾아가게 한다는 거야. 기업들은 돈 항아리를 찾으려 사람들을 고용하고 굴삭기를 사서 땅을 파내지. 그러면 고용된 사람들은 임금으로 옷과 식품을 사게 돼. 결국 옷 기업과 식품 기업이 살아나고 덩달아 다른 산업도 활기를 띤다는 거야. ==케인스는 정부가 적은 돈을 투자해도 기대 밖의 큰 효과를 거둘 수 있다고 생각했어.== 한 마을에 도로 공사로 100만 원을 투자하면, 공사 노동자들이 임금을 쓰면서 마을 전체로는 500만 원 이상의 소득이 증가하고 그만큼 수요도 늘어난다는 거지.

44 | 미국의 뉴딜 정책

대공황에서 벗어나기 위한 뉴딜 정책

1933년, 미국의 대통령이 된 프랭클린 루스벨트 대통령은 대공황에서 벗어나기 위한 여러 정책을 폈는데, 이를 뉴딜 정책이라 불러. 시장에서 '보이지 않는 손' 대신에 정부가 나서서 당분간 그 역할을 하기로 했지. 먼저 경제가 나빠지는 원인을 물가 하락이라고 보고 물가를 끌어올리려고 노력했어. 화폐의 발행을 늘려 돈의 가치를 떨어뜨렸지. 그리고 농민들에게 보상금을 주고 농산물의 생산을 줄여 가격을 올렸어. 또 기업들의 지나친 경쟁으로 인한 상품 가격의 하락을 막기 위해 기업들의 경쟁을 줄이는 법을 만들었어. 한편으로는 국민이 상품을 살 수 있는 능력인 수요를 키우기 위해 여러 가지 정책을 폈어. 케인스의 이론을 받아들인 셈이지. 임금을 법으로 정한 수준 이하로 줄 수 없다는 최저 임금제를 도입했고, 기업들에게 법으로 정한 노동 시간을 철저히 지키게 했어. 그리고 테네시강에 초대형 댐을 건설하고 산림 조성, 새로운 도로 건설 등 정부가 돈을 쓰는 여러 가지 사업을 벌이며 일자리를 늘렸지.

정부의 뉴딜 정책으로 사람들은 조만간 대공황이 끝날 것이라는 기대감을 가졌어. 이런 기대감으로 인해 기업들은 투자를 늘리기 시작했지. 하지만 미국이 대공황의 어두운 터널에서 벗어나는 데는 상당히 오랜 시간이 필요했어. 1942년이 되어서야 국민 소득이 대공황 이전 수준으로 되돌아왔거든.

45 기축 통화가 된 미국 달러

미국 달러가 국제 통화의 기준이 되다

　세계 대공황 이후에 전체주의 국가가 된 독일, 이탈리아, 일본은 경제적 이익을 얻으려 전쟁을 일으켰어. 인류 역사에서 가장 참혹한 전쟁인 제2차 세계 대전이 일어난 거야. 미국과 영국, 소련이 중심이 된 연합국은 이들과 맞서 싸웠고, 결국 승리를 거두었어.

　전쟁이 끝나기 전인 1944년 7월, 미국 뉴햄프셔주의 브레턴우즈라는 작은 도시에 세계 45개국 대표들이 참석하여 회의를 열었어. 이들은 전쟁이 끝난 뒤 세계 경제 회복을 위해서 새로운 경제 질서를 세우려 했지. 각국 대표들은 세계 대전의 원인 중 하나로 보호 무역을 꼽고 자유 무역을 장려하기로 했어. 그러기 위해서는 국제 거래에서 사용되는 안전하고 효율적인 화폐가 있어야 한다고 생각했지. 그리고 그 화폐의 가치가 금 무게로 정해져 변동이 없어야 한다는 금 본위제를 부활하기로 했어. 결국 미국의 화폐인 달러가 그 역할을 맡기로 했지. 당시 미국은 세계 금의 70%를 가졌고, 세계 최대의 산업국으로 막강한 경제력을 가졌기 때문이야. 미국은 35달러를 가지고 오면 금 1온스(28.35g)로 바꿔 주겠다고 약속했어. 그래서 미국 달러는 국제 거래에서 사용하는 화폐가 되었고 전 세계 화폐의 기준이 되었지. 이런 화폐를 기축 통화라고 불러. 그리고 각국의 정부는 '1달러에 우리 돈은 얼마다'라고 환율을 일정하게 고정하는 고정 환율제를 채택했어.

46. 냉전과 마셜 계획

자본주의와 사회주의 경제 체제가 경쟁하다

제2차 세계 대전이 끝나자 소련은 공산주의를 전 세계로 퍼뜨리기 위해 노력했어. 공산당이 이끄는 사회주의 경제 체제는 사회 전체가 모든 생산 수단을 소유하며 나라에서 사람들의 경제 활동을 관리하는 등 자본주의와 전혀 다른 모습이었지. 소련은 동유럽 국가들을 재빨리 공산주의 국가로 바꾸어 버렸어. 다른 유럽 국가들도 안전하지 못했지. 전쟁으로 폐허가 된 유럽은 경제가 어려워 공산주의 세력이 자라기 좋은 환경이었거든.

그러자 자본주의의 최강국인 미국이 가만있지 않았어. 미국은 유럽의 공산화를 막기 위해 유럽 나라들의 경제를 다시 일으켜야 한다고 생각했지. 그래서 1947년부터 4년 동안 유럽에 대규모 원조를 진행했는데, 이를 미국 국무장관 조지 마셜의 이름을 따서 마셜 계획이라고 불러. 미국은 이 원조를 통해 상품 시장을 확대하려는 목적도 있었어. 유럽이 되살아나야 세계 무역 시장도 활발해지기 때문이야. 또 원조를 통해 미국 달러를 유럽에 많이 퍼뜨려 기축 통화의 지위를 확실히 다지려는 목적도 있었어. 마셜 계획 덕분에 유럽 나라들의 경제는 되살아났고, 미국은 세계 경제에서 더욱 중요한 나라가 되었지. 그리고 세계는 미국이 이끄는 자유 진영과 소련이 이끄는 공산 진영으로 나뉘어 서로 맞서는 냉전 시대가 되었어. 세계 경제 체제도 미국 중심의 자본주의와 소련 중심의 사회주의 경제 체제로 나뉘어서 경쟁했지.

47 프리드먼의 통화량 조절

경제에서 가장 중요한 것은 통화량이다

대공황에서 탈출한 후, 사람들은 케인스를 최고의 경제학자라고 칭찬했어. 미국 정부의 뉴딜 정책의 바탕에는 케인스 이론이 있었거든. 그런데 경제학자 밀턴 프리드먼은 케인스 이론에 의문을 품었어. 그는 케인스 이론대로 정부가 돈을 풀어서 사람들의 소득이 늘더라도 수요가 그만큼 늘지 않는다고 생각했어. 오히려 정부가 필요한 돈을 마련하느라 은행에서 돈을 빌리면 은행의 이자가 올라가서 사람들의 소비와 기업의 투자가 줄어든다고 믿었지.

그는 대공황의 원인도 케인스와 다른 시각으로 봤어. 대공황 직전에 주식 가격이 너무 올라 미국 중앙은행이 시중에 도는 화폐의 양을 줄인 게 원인이라는 거야. 돈이 줄어들자 사람들의 소비도 줄면서 대공황이 왔다는 생각이지. ==그는 시중에 도는 화폐의 양, 즉 통화량이 경제에서 가장 중요하다고 봤어.== 그가 내놓은 대공황 해결 방법도 통화량 조절이었지. 시중에 돈을 많이 풀면 기업의 투자와 사람들의 소비가 늘어 불황에서 벗어날 수 있다는 거야. 또 잘못된 통화 정책이 경제에 해를 끼칠 수 있으므로 정부가 통화량을 늘였다 줄였다 하기보다는 조금씩 꾸준히 늘려야 한다고 주장했어. ==그리고 정부가 경제에 개입하는 일이 적을수록 좋다고 보았지.== 경제에서 자유를 최대한 보장해 줘야 좋다는 생각이야. 프리드먼의 이론은 케인스 이론과 함께 오늘날 자본주의 경제학에서 두 개의 큰 흐름으로 자리 잡고 있어.

> 48 달러의 금 태환 금지

미국이 금 본위제를 포기하다

　미국 달러가 기축 통화가 된 후로 많은 나라가 국제 거래를 할 때 달러를 사용했고, 달러는 국가 간의 평화롭고 안정적인 거래에 큰 역할을 했어. 그러면서 세계의 여러 나라에서 미국 달러를 많이 필요로 했지. 그렇다고 미국은 달러를 무조건 많이 찍어 낼 수가 없었어. 너무 많은 달러를 발행하면 그 가치가 떨어지기 때문이야.

　그런데 1960년대에 들어서 문제가 생겼어. 미국은 달러를 너무나 많이 발행한 거야. 특히 베트남과 전쟁을 벌이면서 많은 전쟁 비용을 썼거든. 결국 미국은 빌려준 돈보다 갚을 돈이 더 많은 나라가 되었고, 금 보유량도 줄었지. 다른 나라들이 미국에게 달러를 금으로 바꿔 달라고 요구했지만, 미국은 들어주기 힘들었어. 미국은 더 이상 버틸 수가 없었고 1971년, 미국의 닉슨 대통령은 금 태환 금지를 선언했지. 금 태환 금지는 달러를 금으로 바꿔 줄 수 없다는 말로 금 본위제를 포기한 거야. 이제 세상에는 금으로 그 가치를 보증해 주는 화폐가 존재하지 않게 되었어. 미국 달러가 기축 통화가 되면서 했던 약속을 깬 셈이지. 미국 달러는 신뢰를 잃어 그 위상이 낮아졌고, 그 가치는 크게 떨어졌어. 어쩔 수 없이 다른 나라들은 미국 달러를 기준으로 했던 고정 환율제를 포기했지. 하지만 미국 달러는 세계에서 가장 강력한 기축 통화의 지위를 여전히 유지하고 있어.

49 석유 파동과 스태그플레이션

스태그플레이션이 일어나다

    1973년, 이집트와 시리아가 이스라엘을 침공하면서 중동에서 전쟁이 일어났어. 이 전쟁에서 미국은 이스라엘을 지원했는데, 이에 항의하는 아랍의 석유 수출국들은 석유 가격을 크게 올리고 미국과 네덜란드로 가는 석유 운반선을 막아 버렸지. 그러자 석유 가격이 4배나 뛰어 버렸는데, 이것을 석유 파동이라고 해. 석유는 가장 중요한 연료이므로 세계 경제는 심각한 불황에 빠졌어. 그런데 제2차 세계 대전이 일어나기 전까지는 불황기에 물가와 임금이 하락하고 호황기에 물가와 임금이 상승했는데, 이번 불황에는 물가가 계속 상승한 거야. 이처럼 경기가 침체하는데도 물가가 상승하는 현상을 스태그플레이션이라고 불러. 이러한 현상은 오른 석유 가격으로 인해 생산비가 뛰어 기업이 어쩔 수 없이 상품 가격을 올리면서 일어난 거야. 이렇게 물가가 오르면 사람들은 소비를 줄일 수밖에 없어. 그러면 기업은 물건을 못 팔아서 문을 닫아야 하고, 실업자들은 계속 늘어날 수밖에 없지. 결국 경기가 계속 침체되는 거야. 세계 각국은 물가 상승과 주가 하락, 높은 실업률의 충격에 휩싸였어. 특히 석유를 가장 많이 쓰는 미국은 큰 타격을 입었지.

    그 후에도 이란에 혁명이 발생해 강경한 정권이 들어서면서 또다시 석유 파동이 일어나 석유 가격은 더욱 올랐어. 자본주의 경제는 다시 불황을 겪어야 했지.

50 레이거노믹스

레이거노믹스로
미국 경제가 살아나다

　미국은 경제 불황을 해결하기 위해 대공황 때처럼 정부가 나서려 했어. 하지만 스태그플레이션은 케인스의 이론으로 풀 수가 없었지. 경제 불황이 한창이던 1981년에 취임한 ==레이건 대통령은 경제 활동의 자유를 보장해야 경제가 발전한다는 신자유주의 경제학자들의 의견을 받아들였어.== 또 수요가 아닌 공급에 초점을 맞춰야 한다는 의견도 받아들였지. 그래서 사람들의 근로 의욕과 기업의 투자 의욕을 높이기 위해 세금을 낮췄어. 국가 예산의 큰 부분을 차지하는 사회 복지 예산을 줄였고, 기업 활동에 대한 정부의 간섭을 줄였으며, 기업에 유리하게 노동법도 고쳤지. 이러한 레이건 대통령의 경제 정책을 '레이건'과 '이코노믹스'를 합쳐 레이거노믹스라고 해.

　이러한 정책으로 기업이 생산과 투자를 늘릴 거라고 본 거야. 예상대로 기업들이 움직이기 시작했어. 석유를 많이 쓰는 산업 대신에 전자, 정보, 바이오, 신소재 등의 신사업이 성장했지. 또 금리를 인상하여 치솟던 물가도 잡았어. ==경제는 살아났지만, 부작용도 컸어.== 대기업은 강해졌지만, 망하는 중소기업이 늘었으며, 저소득층에 대한 정부 지원이 축소되기도 했지. 빈익빈 부익부 현상이 더욱 심해진 거야. 영국에서도 마거릿 대처 총리가 규제를 없애고 경제 활동에 자유를 주는 경제 정책을 펴서 경제가 살아났지. 이러한 신자유주의 경제 정책은 유럽, 중남미 등 다른 나라로 퍼져 나갔어.

51 소련의 경제 개혁 정책

소련의 사회주의 경제 체제가 몰락하다

1985년, 소련의 최고 지도자인 공산당 서기장에 미하일 고르바초프가 선출되었어. 그는 개혁을 통해 소련의 경제 체제를 완전히 바꾸려 했어. 소련은 이미 오래전에 경제가 많이 망가지고 있었거든. 그동안 소련 정부는 사람들에게 일의 종류와 양을 일일이 정해 주고 쉬운 일이건 어려운 일이건 상관없이 비슷한 임금을 주었어. 그러자 사람들은 맡은 일만 했고 열심히 일하지도 않았지. 또 물건이 항상 부족하여 생필품도 쉽게 살 수가 없었고, 물건 하나를 사려고 해도 긴 줄을 서야 했어. ==고르바초프는 자본주의 국가들처럼 자유롭게 경쟁하고 자기 재산도 가질 수 있어야 소련도 잘 살 수 있다고 생각하고 개혁 정책을 편 거야.== 이 개혁 정책을 '페레스트로이카'라고 불러. 결국 사회주의 경제 체제가 자본주의와의 경쟁에서 패배한 거야.

사실, 소련의 사회주의 경제 체제에는 문제가 많았어. 국가는 국민의 경제 활동을 모두 관리하고, 국민은 국가가 세운 기업이나 집단 농장에서 주어진 일만 했는데, 이런 경제 체제에서는 자본주의 시장의 '보이지 않은 손'의 역할을 국가가 대신해야 해. 그런데 소련 경제 체제에서는 시장을 인정하지 않으므로 물건 가격조차 제대로 알 수가 없었지. ==이런 상태에서 국가는 수천만 명의 국민이 각각 어떤 능력이 있고 필요한 게 무엇인지 파악해서 경제 활동을 관리하고 계획을 세워야 하는데, 애당초 그건 불가능한 일이었어.==

52 중국의 경제 성장

흰 고양이든 검은 고양이든 쥐만 잘 잡으면 된다

소련의 사회주의 경제 체제가 몰락하자, 동유럽의 다른 공산주의 국가들도 사회주의 경제 체제를 버리고 자본주의로 돌아가기 시작했어. 공산주의 국가 대부분이 경제가 어려웠거든. 결국 소련은 붕괴하여 15개의 나라로 분열되었고, 대부분 자본주의 국가가 되었어. 동유럽 국가들도 공산주의를 포기하고 자본주의 국가가 되었지.

그런데 공산주의 국가 중 두 번째로 큰 나라인 중국은 정치와 사회에 공산주의를 그대로 둔 채 이미 자본주의 경제 체제를 받아들이고 있었어. 중국은 1950년대와 1960년대에 경제가 망가지고 많은 사람이 굶어 죽는 등 큰 고통을 당한 적이 있었거든. 그래서 1978년, 최고 지도자가 된 덩샤오핑은 중국이 가난과 굶주림에서 탈출하는 방법을 제시했어. 흰 고양이든 검은 고양이든 쥐만 잘 잡으면 된다는 '흑묘백묘론'을 내놓은 거야. 경제 체제가 자본주의든 사회주의든 상관없이 국민을 잘살게만 해 준다면 된다는 뜻이지. 그후, 중국은 시장 경제를 인정하고, 경제 특별 구역을 만들어 외국의 기업과 공장을 받아들였어. 또 기업이 잘 성장하고 다른 나라와 무역을 잘할 수 있도록 세금, 금융 등의 여러 가지 제도를 만들었어. 덩샤오핑의 뒤를 이은 지도자들도 경제 발전을 위해 노력했지. 덕분에 중국은 계속해서 높은 경제 성장을 이룰 수 있었고, 2010년부터는 경제 규모가 세계 2위에 도달하게 돼.

53 WTO의 탄생과 FTA

WTO의 설립과 무역 환경의 변화

제2차 세계 대전 이후, 세계는 국제 무역이 활발히 이루어지는 환경을 만들기 위해 노력해 왔어. 1947년, 관세와 무역에 관한 협정인 GATT를 만들었지. GATT는 관세와 수출입 규제 등의 무역 장벽을 없애기 위해 노력했어. 그런데 GATT는 선진국 중심의 무역 협정이고 공산품과 그 원료의 무역에만 적용된다는 단점이 있었지.

==이를 보완하여 공정한 무역 질서를 만들기 위해 1995년, 미국의 주도로 세계 무역 기구인 WTO가 설립되었어.== GATT는 법적인 책임이 없는 협력 기구였지만, WTO는 법적인 책임이 따르는 국제기구로 현재 151개 나라가 회원으로 가입되어 있지. 게다가 공산품뿐만 아니라 농산물과 금융과 통신 등의 서비스 산업, 컴퓨터 프로그램 등의 지식 산업에도 적용되었어. WTO는 회원국 사이의 무역에서 다툼이 일어나면 이를 조정하고 회원국이 공정한 무역을 할 수 있도록 노력해. 또 회원국이 좀 더 쉽게 무역을 할 수 있도록 자유 무역을 방해하는 행위나 제도를 고쳐 나가고 있지. ==이렇게 WTO는 세계 모든 나라의 자유 무역을 추구하는데, 1990년대 중반부터 서로 경제적 이해관계가 맞는 나라끼리 서로의 이익을 위해 무역 협정을 맺는 경우가 많아졌어.== 그게 바로 자유 무역 협정(FTA) 체결이야. FTA를 맺은 국가들끼리는 따로 관세 등의 무역 장벽을 낮추거나 없애는 특혜를 서로 주고 있지.

54 유로화의 탄생
유럽 연합의 나라들이 공동의 화폐를 사용하다

제2차 세계 대전이 끝난 후, 유럽은 미국의 도움을 받아 경제를 다시 일으킬 수 있었어. 그 후, 유럽 경제가 더 발전하려면 하나로 힘을 합쳐야 한다고 생각한 사람들이 많았어. 1950년대 들어서 유럽의 몇몇 나라가 처음으로 경제를 합치려는 움직임을 시작했지. 특히 세계 대전을 두 번이나 일으켰던 독일이 다시는 그런 일을 일으키지 않도록 이런 움직임에 끌어들였어. 1957년에 프랑스, 독일, 룩셈부르크, 이탈리아, 네덜란드, 벨기에 6국이 모여 유럽 경제 공동체를 만들었지. ==이 유럽 경제 공동체는 1965년에 유럽 공동체(EC)로 바뀌었고 그 후, 유럽 공동체 안의 국가들은 관세를 없애고 경제 정책을 함께 세우는 등 경제를 합치려는 움직임이 있었어.==

하지만 1970년대에 석유 파동이 일어나고 국제 경제가 어려워지면서 이러한 움직임은 크게 둔해졌지. 1980년대에 다시 유럽 경제를 합치려는 움직임이 활발해졌어. 결국 1993년, 유럽 공동체는 유럽 연합(EU)으로 이름을 바꾸고 경제를 합쳐 하나의 시장이 되기로 약속했지. ==이후, 12개국으로 늘어난 유럽 연합의 회원국 중 다수가 2002년 1월 1일부터 각 나라의 화폐 대신 한 나라처럼 유로화라는 하나의 화폐를 쓰기 시작했어.== 드디어 세계에서 하나뿐인 기축 통화인 미국 달러에 맞설 잠재력을 지닌 화폐가 등장한 거야.

55 동아시아 외환 위기

동아시아에 외환 위기가 발생하다

세계 무역 기구(WTO)가 설립되면서 자유 무역은 더욱 확대되었고, 세계가 하나의 시장으로 연결된다는 '세계화'라는 말이 널리 퍼졌어. 금융도 세계화 되면서 국경을 넘어 막대한 돈이 자유롭게 투자되었지. 그중에는 국경을 넘나들며 세계를 상대로 위험한 도박을 벌이는 돈도 있었는데, 이런 돈을 국제 투기 자금이라고 불러. 이런 국제 투기 자금은 한 나라의 화폐를 한꺼번에 사고팔면서 돈을 벌기도 해. 그런데 어떤 나라의 경제가 안 좋은데도 그 나라 화폐가 비정상적으로 가치가 높은 경우에 국제 투기 자금이 들어가서 그 화폐의 가치를 떨어뜨리고 이것을 이용해 큰돈을 버는 경우가 있어. 이 국제 투기 자금 때문에 세계 경제는 위기를 맞기도 했지.

대표적인 예가 1997년 태국의 화폐인 밧화에 대한 국제 투기 자금의 공격이었어. 이 공격으로 태국은 화폐 가치가 크게 떨어졌고 나라 안의 달러가 크게 줄어들었지. 결국 달러가 부족해서 다른 나라에 진 빚을 갚지 못할 형편이 되었어. 이것을 외환 위기라고 해. 이 외환 위기는 인도네시아, 필리핀, 말레이시아 등의 동남아 다른 나라로 번지면서 사태가 커졌어. 이 나라들은 외국에 빚이 많았고 금융도 발달하지 못했거든. 그런데 외환 위기는 우리나라에도 번졌지. 우리나라는 달러가 부족해서 국제 통화 기금(IMF)에 달러를 빌려야 했고, 경제가 어려워져 사람들이 큰 어려움을 겪어야 했어.

56 정보 기술 혁명과 닷컴 버블

정보 기술 혁명이
정보 사회를 만들다

1990년대 들어 미국을 중심으로, 세계는 정보 통신 산업이 크게 발전했어. 컴퓨터와 반도체, 소프트웨어, 통신 등에서 새로운 기술이 개발되어 산업을 키웠는데, 주로 신생 기업들이 개발했지. 이 기업들은 새로운 기술 하나로 큰 기업으로 성장했어. 그래서 수많은 신생 기업이 너도나도 새로운 기술을 개발하기 위해 뛰어들었는데, 이 기업을 벤처 기업이라고 불러.

정보 통신의 새로운 기술은 사회를 혁명처럼 바꿔 놓았어. 그래서 정보 기술 혁명이라고 부르지. ==산업 혁명이 세상을 공업 사회로 바꾸었다면 정보 기술 혁명은 정보 사회로 바꾼 거야.== 정보 사회의 중심에는 인터넷이 있었어. 인터넷은 컴퓨터와 컴퓨터 사이에 데이터를 주고받을 수 있는 기술로, 1990년대에 들어서면서 누구나 편리하게 이용할 수 있는 기술이 개발되어 사용자가 전 세계에서 폭발적으로 늘었지. 인터넷을 이용하여 새로운 사업을 펼치는 기업도 폭발적으로 늘었어. 그러자 인터넷 관련 산업이 과열되었고 부작용도 생겼지. ==1995년부터 2000년까지 인터넷 관련 기업의 주식 가격은 끝없이 오르기만 했는데, 이러한 주식 가격의 폭등은 가격에 거품이 꼈다고 해서 닷컴 버블이라고 불러.== 결국 거품이 꺼져 주식 가격은 크게 떨어지면서 수많은 인터넷 관련 기업이 파산했고, 이 기업들에 투자한 엄청난 돈은 흔적도 없이 사라졌어.

57 세계 금융 위기

미국의 금융 위기가
세계 금융 위기로 번지다

　미국은 닷컴 버블 붕괴로 경제가 힘들어지자 금리를 낮추는 정책을 폈어. 은행에서 돈을 빌리고 내는 이자를 낮춰 시중에 돈이 잘 돌게 한 거야. 그러자 은행에서 돈을 빌려 집을 사는 사람이 늘었어. 은행은 그 사람들이 이자를 못 내도 걱정이 없었어. 집값이 계속 오르므로 돈 빌린 사람의 집을 대신 팔아서 빌려준 돈과 이자를 충분히 챙길 수 있었거든. ==그런데 은행들은 그 돈 받을 권리를 증권으로 만들어 다른 금융 기관에 팔았어. 돈 받을 권리를 넘기고 미리 돈을 챙긴 거야.== 다른 금융 기관들도 은행에서 산 증권을 이용해 다시 증권을 발행, 전 세계 금융 기관에 팔아넘겼어.

　한편 은행은 점점 돈 갚을 능력이 없는 가난한 사람에게도 돈을 빌려줘서 집을 사게 했어. 집값이 계속 오르면 아무런 문제가 없었지. 그런데 2006년부터 미국의 집값은 빠른 속도로 내려갔어. 집값이 내려가자 사태가 심각해졌어. ==2008년, 은행이 빌려준 돈 중 많은 부분을 못 돌려받는다는 사실이 밝혀지면서 은행, 증권사, 보험 회사 등의 금융 기관이 큰 타격을 입었지.== 미국 4위 투자 은행이 파산했고, 세계 최대 보험 회사가 휘청였어. 미국의 금융 위기는 세계 금융 위기로 번졌지. 각국의 주가와 집값은 폭락했고 경제가 엉망이 되었어. 대공황 이후 최악의 경제 위기였지. 미국과 세계의 많은 나라가 금융 위기에서 벗어나려 금융 시장에 엄청난 돈을 쏟아부어야 했어.

58 지구 온난화

세계 경제에 지구 온난화 문제가 덮치다

그동안 세계는 경제 성장에만 신경을 썼어. 그로 인해 발생하는 환경 문제는 그다음 문제였지. 그런데 20세기 후반부터 그럴 수 없는 형편이 되었어. 지구 온난화가 가장 급한 문제가 되었거든. 지구는 산업 혁명 이후에 평균 기온이 약 1℃가 상승했어. 이 변화는 지구에 엄청난 영향을 끼쳤어. 북극과 남극의 빙하가 녹아 바닷물의 높이를 올렸고, 지구 곳곳에서 심한 가뭄이나 큰 홍수와 같은 이상 기후도 계속 일어났지.

==이와 같은 지구 온난화는 그동안 인류가 산업 혁명 이후에 너무나 많은 화석 연료를 캐내어 사용했기 때문이야.== 화석 연료에서 나오는 이산화 탄소와 메탄가스는 지구 대기에서 열을 가두는 역할을 해서 온실가스라고 불려. 온실가스가 대기에 지나치게 많아지면서 지구 평균 기온이 오른 거야. 만약 인류가 아무런 대책 없이 온실가스를 계속 내뿜으면 앞으로 지구 평균 기온은 계속 올라 지구에 인류가 살기 힘들지도 몰라.

20세기 후반부터 국제 사회는 지구 온난화에 관심을 보이기 시작했지. 2015년에는 프랑스 파리에 195개국의 대표가 모여 '파리 협정'을 맺었어. 협정에 참여한 나라들은 목표를 정하고 온실가스를 줄여야 해. ==이제 세계 경제는 신재생 에너지 개발, 전기차 보급 등 온실가스를 줄이기 위한 방향으로 가고 있어.== 기업들도 온실가스를 줄이는 기술 개발에 매달리고 있지.

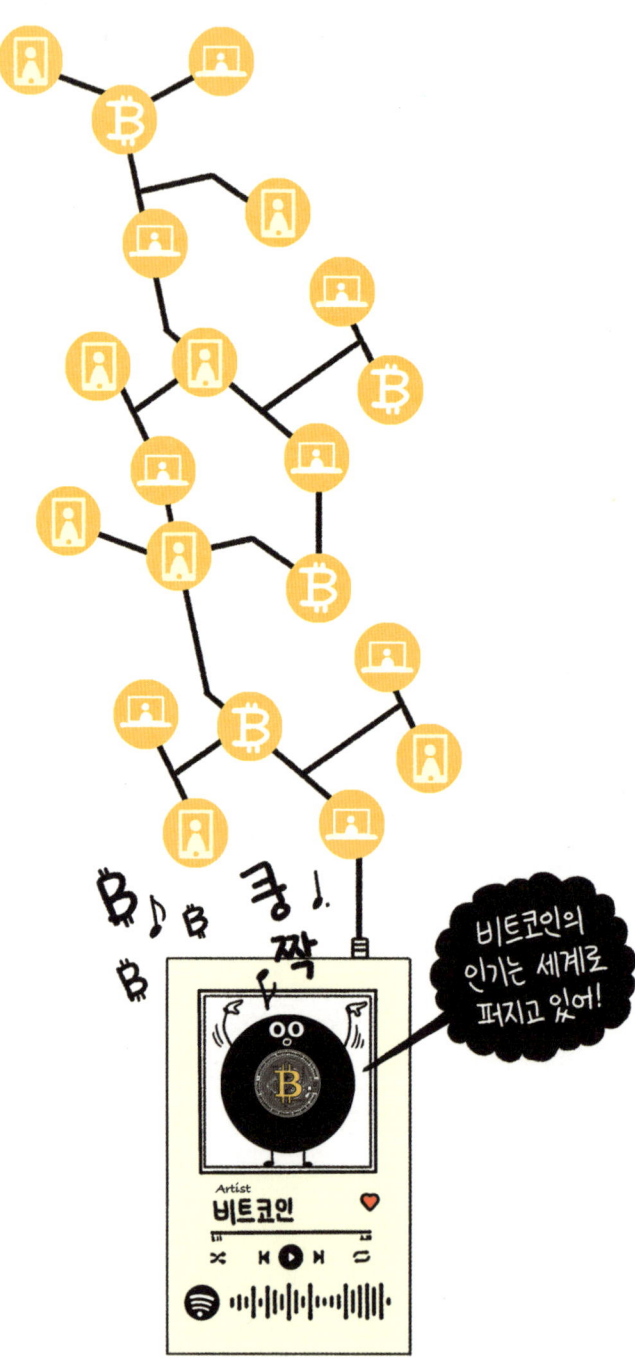

> 59 암호 화폐의 탄생

새로운 개념의 암호 화폐가 탄생하다

세계가 정보 사회로 변하면서 인터넷은 사람들의 생활을 크게 변화시켰어. 가장 큰 변화 중 하나는 인터넷을 통해 물건을 사는 전자 상거래야. 전자 상거래를 할 때는 인터넷에서 사용하는 눈에 보이지 않는 화폐가 필요한데, 이 화폐를 전자 화폐라고 불러. 전자 화폐는 인터넷 웹사이트를 운영하는 기업이 자기 사이트에서만 사용할 수 있도록 만든 가상의 화폐로, 신용 카드나 은행 계좌 이체, 휴대폰 결제 등으로 구입할 수 있어.

그런데 2009년에 실체가 알려지지 않은 한 프로그래머가 전자 화폐와 비슷한 새로운 개념의 화폐를 만들었어. 이 화폐는 디지털 정보량의 기본 단위인 비트와 동전을 뜻하는 코인이 합쳐져 비트코인이라 불리지. 암호 화폐라고 불리는 디지털 화폐야. 비트코인은 컴퓨터가 긴 시간을 들여 계산해야 하는 복잡한 수학 문제를 풀어야 새롭게 만들 수 있어. 그런데 전자 화폐는 특정한 개인이나 기업이 발행하고 운영한다면, 비트코인은 이를 만들거나 거래하는 사람 모두가 발행하고 운영한다고 봐야 해. 비트코인의 발행이나 거래 내역은 이용자들 컴퓨터에 분산되어 있거든. 비트코인은 개인 간 거래에 사용되는데, 비트코인을 실제로 돈처럼 여기는 사람과 상점이 늘고 있어서 실제 화폐와 교환할 수도 있지. 이 화폐는 각 나라의 환율에 영향을 받지 않는 편리함이 있어서 세계적으로 그 사용량이 점점 늘고 있어.

(60) 인공 지능 시대

인공 지능이 인간의 일자리를 빼앗다

　21세기에 들어 인공 지능 기술은 급격히 발전했어. 인공 지능은 학습, 이해, 판단, 추리처럼 인간 지능이 할 수 있는 일을 컴퓨터가 대신하는 것을 말하는데, 세계 경제에 큰 영향을 끼치고 있어. 인공 지능이 인간 대신 일을 하기 시작했거든. 이미 공장과 사무실에서 인공 지능 로봇이 인간을 대신해서 단순 작업을 하고 있고, 점점 복잡한 노동도 인간을 대신하려 해. 게다가 복잡한 계산, 자료 검색과 분석은 인공 지능이 인간보다 더 정확히 할 수 있지. ==앞으로 인공 지능이 하는 일이 훨씬 많아지고 인간의 일자리는 줄게 될 거야.==
　과연 어떤 일자리가 사라질까? 단순 사무 행정이나 제조업 생산 분야처럼 반복적이거나 정교함이 떨어지는 단순한 작업 그리고 사람들의 소통이 상대적으로 적은 직업은 인공 지능으로 인해 사라질 확률이 높아.
　이렇게 인공 지능의 발달로 인간의 일자리가 줄어들면 미래의 세계 경제가 어떻게 될지 상상하기 힘들어. 일부 전문가들은 공상 과학 영화처럼 인공 지능이 인류를 지배하는 세상을 그리기도 해. 하지만 경제사를 살펴보면, 세상을 바꿀 만한 혁신과 발명이 있을 때마다 처음에는 인류가 당황하고 두려워했지만, 끝내 이겨 내고 경제가 성장하는 쪽으로 발전시켰어. ==인공 지능이 인간의 많은 일자리를 빼앗아 가지만, 그에 못지않게 지금은 상상도 하지 못할 새로운 일자리를 만들어 낼 거야.== 그러면서 경제는 발전하는 거야.

에필로그

경제는 왠지 어렵게만 느껴지고, 나와는 상관없는 분야라고 생각하기 쉬워. 하지만 경제는 사람이 생활하며 필요로 하는 물건이나 서비스를 만들고 나누고 쓰는 것을 뜻하므로, 늘 우리 생활과 가까이 있어. 우리가 부모님께 용돈을 타서 편의점에 가서 아이스크림을 사 먹고, 태권도를 배우기 위해 태권도장에 등록하며, 벼룩시장에서 평소에 입지 않는 옷을 파는 것도 다 경제 활동이기 때문이야. 그런데 아무리 경제가 중요하다고 해도 경제의 역사인 경제사까지 알 필요가 있을까?

인류는 선사 시대부터 자연의 험난한 환경에서 살아남기 위해 노력해 왔어. 날씨가 추워지면 옷을 만들어 몸에 걸쳤고, 먹을 것이 부족하면 동물을 사냥하거나 식물 열매를 채집했어. 그러다 한곳에 머물며 농사를 짓게 되었고, 나만의 재산을 갖게 되었지. 그러면서 부자와 가난한 사람이 생겼어. 인류의 역사를 살펴보면, 사람들은 부자가 되려고 노력했고, 국가도 다른 나라보다 부유해지려고 노력했어. 개인이나 국가 등의 집단이 더욱 풍요롭게 살기 위해 끊임없이 고민하고 노력한 거야. 그래서 다른 집단과 경쟁하고 심지어는 싸워서 그들의 재산을 빼앗기도 했어. 또 세상 변화에 적응하면서 경쟁에서 뒤처지지 않으려 노력했지. 그러면서 인류는 발전해 왔는데, 한편으로는 경제가 발전해 왔다고 할 수 있어. 복잡하게 얽히고설킨 세계사에서 중요한 사건들이 일어난 원인에는 경제가 자리하고 있지. 그래서 경제사를 알면 세계사를 이해하는 데 큰 힘이 돼. 이런 이유로 우리는 경제사를 알아야 하는 거야.

우리가 경제사를 알아야 하는 다른 이유도 있어. 여전히 우리는 더 풍요롭게 살기 위해서 노력하고 있지. 다른 사람이나 다른 국가와 치열한 경쟁을 벌이며 우리의 경제를 더 좋게 만들려고 노력한다는 거야. 그렇게 우리의 경제를 더 좋게 만드는 데 경제사를 알면 큰 도움이 돼. 과거에 경제가 어떻게 변해 왔는지 알면 앞으로 경제가 어떻게 변할지 예측하기가 쉽거든. 이러한 예측은 치열한 경제 경쟁에서 앞서 나가는 데 큰 보탬이 되지. 또 경제사에 있었던 중요한 경제 정책과 그 정책의 밑바탕이 된 경제 이론을 알면, 경제가 어떻게 움직이는지 자연스럽게 이해할 수 있어. 그래서 경제사를 배우는 건 경제를 가장 재미있게 알아 가는 방법이기도 해.

이 책을 통해 많은 어린이가 경제에 흥미를 느끼고 재미를 가졌으면 해. 이를 통해 미래에 우리나라를 더 풍요롭고 잘 사는 나라로 이끄는 주인공이 되었으면 좋겠어.

참고 도서

김경훈 지음, 《10일 만에 배우는 경제학 200년》, 새로운 사람들, 1995
서울경제신문사 기획특집팀 지음, 《어린이 경제 신문》, 글 읽는 세상, 1999
노택선 지음, 《깨우치며 알아가는 세계 경제의 역사》, 대교, 2008
안현효 지음, 《자본주의의 역사로 본 경제학 이야기》, 책세상, 2010
권혁철, 김이석, 송원근, 안재욱, 정기화 지음, 《세계 경제를 바꾼 사건들50》, 북앤피플, 2015
이정화 지음, 《세계사 속 톡톡 튀는 경제 이야기》, 북멘토, 2015
오형규 지음, 《경제로 읽는 교양 세계사》, 글담출판, 2016
석혜원 지음, 《엎치락뒤치락 세계 경제 이야기》, 풀빛, 2017
우야마 다쿠에이 지음, 최미숙 옮김, 《역사로 읽는 경제》, 라이프맵, 2017
이완배 지음, 《10대를 위한 경제학 수첩》, 지학사아르볼, 2017
요슈피리 지음, 《거꾸로 경제학자들의 바로 경제학》, 빈빈책방, 2018
니알 키시타이니 지음, 김진원 옮김, 《경제학 모험》, 부키, 2018
오무라 오지로 지음, 신정원 옮김, 《돈의 흐름으로 읽는 세계사》, 위즈덤하우스, 2018
오형규 지음, 《보이는 경제 세계사》, 글담출판, 2018
왕링엔·왕퉁 지음, 이서연 옮김, 《역사 속 경제 이야기》, 시그마북스, 2018
미야자키 마사카츠 지음, 황선종 옮김, 《흐름이 보이는 세계사 경제 공부》, 어크로스, 2018
성정원 지음, 《경제를 읽는 쿨한 지리 이야기》, 맘에 드림, 2019
미야자키 마사카츠 지음, 송은애 옮김, 《돈의 흐름으로 보는 세계사》, 한국경제신문, 2019
홍춘욱 지음, 《50대 사건으로 보는 돈의 역사》, 로크미디어, 2019
리우스 지음, 유 아가다 옮김, 《경제 이야기: 본의 역사》, 지양사, 2021
미야자키 마사카츠 지음, 서수지 옮김, 《처음 읽는 돈의 세계사》, 탐나는 책, 2021
라슈미 시르데슈판드 지음, 이하영 옮김, 《초등학생을 위한 똑똑한 돈 설명서》, 솔빛길, 2021
조너선 콘린 지음, 우진하 옮김, 《나의 첫 경제사 수업》, 타인의사유, 2022
송병건 지음, 《난생 처음 한번 공부하는 경제 이야기2》, 사회평론, 2022
tvN 벌거벗은 세계사 제작팀 지음, 《벌거벗은 세계사: 경제편》, 교보문고, 2023

한 컷이라는 콘셉트의 힘

① **한 컷 쏙 과학사**
글 윤상석 | 그림 박정섭 | 감수 정인경

② **한 컷 쏙 수학사**
글 윤상석 | 그림 박정섭 | 감수 이창희

③ **한 컷 쏙 한국사**
글 윤상석 | 그림 박정섭 | 감수 기경량

④ **한 컷 쏙 세계사**
글 윤상석 | 그림 박정섭 | 감수 김경현

⑤ **한 컷 쏙 생활사**
글 윤상석 | 그림 박정섭 | 감수 정연식

⑥ **한 컷 쏙 발명·발견사**
글 윤상석 | 그림 박정섭 | 감수 이상원

⑦ **한 컷 쏙 경제사**
글 윤상석 | 그림 박정섭 | 감수 송병건

⑧ **한 컷 쏙 예술사** (근간)